Michaela Brandl

Robotic Process Automation im Shared Service Center

Welche Möglichkeiten der Automatisierung von Geschäftsprozessen gibt es?

Bibliografische Information der Deutschen Nationalbibliothek:

Die Deutsche Nationalbibliothek verzeichnet diese Publikation in der Deutschen Nationalbibliografie; detaillierte bibliografische Daten sind im Internet über http://dnb.d-nb.de abrufbar.

Impressum:

Copyright © Studylab 2020

Ein Imprint der GRIN Publishing GmbH, München

Druck und Bindung: Books on Demand GmbH, Norderstedt, Germany

Coverbild: GRIN Publishing GmbH | Freepik.com | Flaticon.com | ei8htz

Inhaltsverzeichnis

Abbildungsverzeichnis V

Tabellenverzeichnis VI

Abkürzungsverzeichnis VII

1 Einleitung 1

1.1 Hintergrund und Motivation 1

1.2 Zielsetzung und Forschungsfragen 3

1.3 Inhaltlicher Aufbau 3

1.4 Methodik 4

1.5 Forschungsstand 5

2 Shared Service Center 6

2.1 Charakteristika Shared Service Center 6

2.2 Shared Service Center Ziele 8

2.3 Business Process Outsourcing versus Shared Service Center 9

2.4 Prozesse und Tätigkeiten 11

3 Robotic Process Automation 15

3.1 Robotertechnologien 15

3.2 Gründe für einen Robotereinsatz 20

3.3 Kritik zu Robotic Process Automation 23

3.4 Einsatz von Robotic Process Automation in Deutschland 25

4 Voraussetzungen für die Implementierung 27

4.1 Eignung der Daten und Prozesse 27

4.2 Vergleich der Eigenschaften 30

4.3 Prozessauswahl 31

5 Anwendungsbereiche im Shared Service Center **33**

    5.1 Purchase to Pay 34

    5.2 Order to Cash 38

    5.3 Payroll 42

    5.4 Budget to report 45

6 Fazit **48**

    6.1 Resümee der Arbeit 48

    6.2 Beantwortung der Forschungsfragen 49

    6.3 Ausblick 51

Quellenverzeichnis **52**

Abbildungsverzeichnis

Abbildung 1: Inhaltlicher Aufbau 4

Abbildung 2: Unterscheidung von SSC und BPO 11

Abbildung 3: Ergebnisse zur Befragung der Shared Service Center Funktionen 13

Abbildung 4: Finanz- und Rechnungswesenprozesse im Shared Service Center 13

Abbildung 5: Stufen der Robotertechnologien 15

Abbildung 6: Vergleich der Einsatzraten von Robotic Process Automation 26

Abbildung 7: Ergebnisse zum Robotereinsatz im Shared Service Center 33

Abbildung 8: Purchase to Pay Prozess 35

Abbildung 9: Order to Cash Prozess 39

Abbildung 10: Payroll Prozess 42

Abbildung 11: Budget to Report Prozess 45

Tabellenverzeichnis

Tabelle 1: Exemplarische Prozesse eines Shared Service Center 14

Tabelle 2: Kriterienkatalog zur Identifikation von Daten und Prozessen 30

Tabelle 3: Gegenüberstellung der Eigenschaften 31

Abkürzungsverzeichnis

B2R	Budget to Report
BANF	Bestellanforderung
BPO	Business Process Outsourcing
BRKG	Bundesreisekostengesetz
EAN	European Article Number
EDI	Electronic Data Interchange
ERP	Enterprise Resource Planning
FF	Forschungsfrage
H2R	Hire to Retire
HR	Human Resource
IA	Intelligent Automation
IRPAAI	Institute for Robotic Process Automation and Artificial Intelligence
IT	Informationstechnik
KI	Künstliche Intelligenz
ML	Maschinelles Lernen
O2C	Order to Cash
OCR	Optical Character Recognition
P2P	Purchase to Pay
RDA	Robotic Desktop Automation
RPA	Robotic Process Automation
SSC	Shared Service Center
UStG	Umsatzsteuergesetz

Abkürzungsverzeichnis

1 Einleitung

1.1 Hintergrund und Motivation

Robotertechnologien werden seit über 50 Jahren in der Industrie eingesetzt und sind ein essentieller Bestandteil in Produktionsstätten.[1] Dabei bewältigen die Industrieroboter täglich Routineaufgaben, die präzise und gleichmäßig ausgeführt werden müssen. Der Roboter arbeitet rund um die Uhr und bietet besonders bei Tätigkeiten, die für menschliche Arbeitskräfte gefährlich und anstrengend sind, einen Mehrwert. Im Laufe der Jahre gab es einen enormen Fortschritt im Bereich der Robotik.[2] Durch erhöhte Rechenleistungen sowie neue Programmierfähigkeiten bieten sich heutzutage umfassende Möglichkeiten, Roboter auch im Büro einzusetzen.

Durch den Zuwachs internationaler Konkurrenz, besteht zugleich ein immer höher Wettbewerbsdruck unter den Unternehmen.[3] Ein hieraus entstandener Kostendruck, zwingt die Unternehmen, ihre Effizienz zu steigern. Viele Unternehmen haben aus diesem Grund in der Vergangenheit sogenannte Shared Service Center (SSC) gegründet. Tätigkeiten, die in Unternehmen nicht zum Kerngeschäft zählen, werden gebündelt und zentral in einem SSC ausgeführt. Durch dieses Organisationskonzept können Kostenreduktionen u. a. aufgrund eines niedrigeren Gehaltsniveaus erreicht werden. Zudem legen SSC ihr Augenmerk besonders auf die Optimierung und Standardisierung von Geschäftsprozessen.[4] Damit können Prozesse, im Vergleich zu Unternehmen ohne SSC, kosteneffizienter ausgeführt werden.

In Deutschland herrscht zugleich seit Jahren ein permanenter Fachkräftemangel, von dem auch SSC betroffen sind.[5] Die meisten SSC übernehmen Aufgaben im Bereich des Finanz- und Rechnungswesens, wodurch ein Großteil der Belegschaft mit Buchhaltungstätigkeiten beschäftigt ist.[6] Aufgrund des demografischen Wandels lässt sich ein erheblicher Rückgang im Berufsbild des Buchhalters feststellen. Zwischen den Jahren 1993 und 2011 hat sich die Anzahl der beschäftigten Buchhalter

---

[1] Vgl. Expertenkommission Forschung und Innovation (2016), S. 50
[2] Vgl. ebd.
[3] Vgl. Mißler (2005), S. 38
[4] Vgl. Becker/Kunz/Mayer (2009), S. 33
[5] Vgl. Reuter (2019), S. 2
[6] Vgl. Suska/Weuster (2019), S. 14

um ca. 25 % reduziert (von 237 295 auf 177 057 Personen).[7] Dies stellt die SSC vor die Herausforderung trotz des Ressourcenmangels, weiterhin ihre Tätigkeiten kosteneffizient und mit hoher Qualität auszuführen.

Eine adäquate Gegenmaßnahme besteht aus der Automatisierung von Geschäftsprozessen mittels der innovativen Möglichkeiten von Robotic Process Automation (RPA). Bei RPA handelt es sich um eine robotergesteuerte Prozessautomatisierung, die für repetitive und einfache Tätigkeiten eingesetzt werden kann.[8] Dabei greift der Softwareroboter auf die Benutzeroberfläche des Anwenders zu und kann in unterschiedlichen Anwendungen Tätigkeiten, ohne menschliches Eingreifen, durchführen. Dies bietet gerade bei heterogenen Systemlandschaften einen umfassenden Vorteil, die aufgrund von Unternehmenshistorien gewachsen sind und keine Schnittstellen aufweisen. Bei einer Schnittstellenprogrammierung wird die IT-Abteilung benötigt, deren Ressourcen ebenfalls knapp sind. Zudem ist die Weiterentwicklung der Systeme zeit- und kostenintensiv und erfordert entsprechendes Fachpersonal. Der Einsatz von RPA hingegen ist kostengünstig und kann von Mitarbeitern, die eine Affinität zur IT besitzen, eigenständig implementiert werden.[9] Es wird lediglich eine Schulung benötigt, die den Mitarbeiter auf die Roboterprogrammierung vorbereitet.

Besonders die Geschäftsprozesse eines SSC bieten große Potenziale für eine Automatisierung mittels des Einsatzes von RPA.[10] Manuelle Eingriffe von Mitarbeitern und der damit verbundene Personalaufwand kann reduziert werden und hat somit einen positiven Effekt auf die Kosteneffizienz. Des Weiteren können die Prozesse fehlerfrei und in einer gleichbleibend hohen Qualität ausgeführt werden. Die Anzahl an erfolgreich umgesetzten Einführungsprojekten von RPA in SSC hat spürbar zugenommen und zeigt, dass die Prozessautomatisierung ein wichtiges Thema ist und zukünftig weiterer an Relevanz gewinnen wird.[11] Aus diesem Grund beschäftigt sich die vorliegende Bachelorarbeit mit RPA in einem SSC und betrachtet kritisch deren Einsatzmöglichkeiten.

---

[7] Vgl. Tivig/Henseke/Neuhaus (2013), S. 60
[8] Vgl. Hermann/Stoi/Wolf (2018), S. 28
[9] Vgl. Smeets (2018)
[10] Vgl. Suska/Weuster (2016), S. 9
[11] Vgl. Deloitte (2017b), S. 16

1.2 Zielsetzung und Forschungsfragen

In dieser Bachelorarbeit wird die Thematik „Robotic Process Automation in einem Shared Service Center: eine kritische Analyse der Einsatzmöglichkeiten" behandelt. Die primäre Zielsetzung der vorliegenden Bachelorarbeit ist die Identifizierung von Prozessgruppen und Tätigkeiten, die für den Einsatz von RPA geeignet sind. Um eine sinnvolle Entscheidung über die Eignung von Prozessen für RPA treffen zu können, werden Kriterien definiert und in einem Kriterienkatalog gesammelt. Anhand dieser Kriterien werden mögliche Anwendungsbereiche aufgezeigt und der RPA-Einsatz kritisch betrachtet. Dabei richtet sich das Augenmerk auf die Geschäftsprozesse innerhalb einer typischen SSC-Organisation.

Die zentralen Forschungsfragen der Bachelorarbeit lauten wie folgt:

a) Weshalb ist der Einsatz von Softwarerobotern sinnvoll und welche Vorteile können gegenüber der manuellen Prozessabwicklung realisiert werden?

b) Welche Kriterien sind bei einem Robotereinsatz zu berücksichtigen?

c) Welche Prozesse können in einem Shared Service Center mit Robotic Process Automation automatisiert werden und welcher Nutzen kann dadurch entstehen?

1.3 Inhaltlicher Aufbau

Die vorliegende Bachelorarbeit gliedert sich in sechs Kapitel. Neben dem in diesem Abschnitt erklärten Aufbau der Arbeit, führt das erste Kapitel in die Thematik ein. Das zweite Kapitel widmet sich theoretischen Grundlagen, die ein SSC definieren sowie deren Ziele und Prozesse beschreiben. Anschließend erläutert Kapitel drei die unterschiedlichen Stufen der Robotertechnologien und geht im Besonderen auf RPA ein. Dazu werden die Gründe für einen Robotereinsatz aufgezeigt und kritisch betrachtet. Anhand der Definitionen in Kapitel zwei und drei, erfolgt in Kapitel vier eine Zusammenführung und die Voraussetzungen für eine erfolgreiche Implementierung werden aufzeigen. Das nächste Kapitel widmet sich dem speziellen Einsatz von RPA innerhalb einer SSC-Organisation und stellt den Hauptteil der vorliegenden Arbeit dar. Um die Anwendungspotenziale zu eruieren, werden Kriterien entwickelt und als Grundlage für die Entscheidung der RPA-Einsatzmöglichkeiten angewendet. Für jeden aufgeführten SSC-Geschäftsprozess werden Anwendungsbeispiele aufgezeigt und bewertet. Der Schlussteil wird die wichtigsten Resultate zusammenfassen, die Forschungsfragen beantworten sowie einen Ausblick für zukünftige Möglichkeiten der weiteren Automatisierung von Geschäftsprozessen geben. Die Abbildung 1 gibt einen grafischen Überblick der beschriebenen Kapitel und soll die Verbindungen untereinander hervorheben.

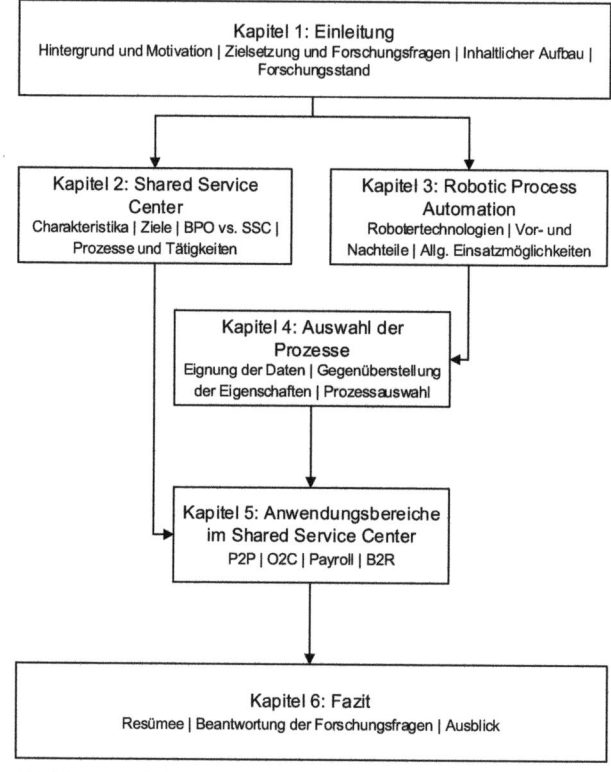

Abbildung 1: Inhaltlicher Aufbau
Quelle: Eigene Darstellung

1.4 Methodik

Für die vorliegende Bachelorarbeit wurde eine umfassende Literaturrecherche betrieben. Um sich ein generelles Bild zu verschaffen, hat die Autorin im ersten Schritt aktuelle Publikationen zur Thematik von RPA gesichtet. Beim Lesen der ersten Werke wurde explizit auf die Verwendung von Schlüsselbegriffen geachtet. Wichtige Begrifflichkeiten und Definitionen wurden identifiziert und in einer Masterliste gesammelt. Anschließend hat die gezielte Literaturrecherche begonnen. Dazu wurden anhand der definierten Masterliste sämtliche Bibliotheksdatenbanken durchsucht und die Ergebnisse mithilfe von Citavi, einem Programm zur

Literaturverwaltung, festgehalten. Bei Fachliteratur wurde die Schnellballmethode angewendet. Neben der Fachliteratur wurden Zeitschriften und seriöse Internetquellen ebenfalls in die Untersuchung miteinbezogen. Es erfolgte eine Beschränkung auf deutsch- sowie englischsprachige Werke. Nachdem eine Sammlung von Literatur vorhanden war, wurden die Ergebnisse analysiert, bewertet und den jeweiligen Themenabschnitten zugeordnet. Im letzten Schritt wurde die gefundene Literatur in der vorliegenden Arbeit verarbeitet und mittels indirekter Zitate eingebracht.

1.5 Forschungsstand

Bei RPA handelt es sich um ein junges Forschungsgebiet. Die bisher veröffentlichten Studien sind übersichtlich und es gibt nur wenige Bücher, die sich mit der Thematik befassen. Häufiger sind Beiträge im Internet zu finden. Bei den meisten Studien handelt es sich um 1-15 seitige Aufsätze, die in englischer Sprache von Beratungsunternehmen veröffentlicht wurden. Diese lassen sich in zwei Abschnitte gliedern. Im ersten Abschnitt wird die RPA-Technologie vorgestellt und anhand kurzer Praxisbeispiele erklärt. Anschließend werden allgemeine Vorteile vorgestellt, die für den Einsatz sprechen. Daneben gibt es einige Implementierungsanleitungen, die eine optimale Vorgehensweise für die Einführung in Unternehmen beschreiben. Dabei wird erklärt, wie der Pilotprozess ausgewählt wird und welche Eigenschaften ein RPA-Team erfüllen muss. Bis auf wenige Ausnahmen werden die Einsatzmöglichkeiten von RPA nur oberflächlich genannt und nicht tiefergehend dargestellt. Häufig ist zu lesen, dass RPA für den Einsatz in einer SSC-Organisation geeignet ist, jedoch fehlen Praxisbezüge und detaillierte Anwendungsbeispiele. Der fehlende Praxisbezug soll die vorliegende Bachelorarbeit behandeln und die bestehende Forschungslücke schließen.

2 Shared Service Center

In diesem Kapitel wird zunächst das Shared Service Center (SSC) definiert und dessen Ziele beschrieben. Im nächsten Abschnitt erfolgt eine Abgrenzung zu Business Process Outsourcing (BPO), da Verwechslungen auftreten können. Des Weiteren widmet sich dieses Kapitel den Geschäftsprozessen und Tätigkeiten, die in diesem speziellen Organisationskonzept durchgeführt werden.

Die Globalisierung stellte Unternehmen bereits in den 90er Jahren vor die Herausforderung, die Geschäftsprozesse zu optimieren und zu standardisieren.[12] Verschiedene Unternehmen in der USA gründeten die ersten SSC, um ihr Rechnungswesen zu zentralisieren.[13] Erst zur Jahrtausendwende wurden die ersten SSC in Europa gegründet und verbreiteten sich nach und nach in fast allen Großkonzernen. Bereits im Jahr 2013 nutzten ca. 75 % der DAX-Unternehmen und ca. 80 % der 500 umsatzstärksten Unternehmen weltweit das SSC-Konzept, um Effektivitäts- und Effizienzsteigerungen zu erlangen.[14] Der Ursprung eines SSC kann bis auf die Zeit des Taylorismus zurückgeführt werden.[15] Unternehmen haben sich auf die Trennung von Hand- und Kopfarbeit fokussiert. Mittels Arbeits- und Zeitstudien wurden Arbeitsabläufe optimiert und Tätigkeiten spezialisiert. Auch in einem SSC spielen die Spezialisierung und standardisierten Arbeitsabläufe eine zentrale Rolle.

2.1 Charakteristika Shared Service Center

In der Literatur sind unterschiedliche Definitionen für ein SSC zu finden. In einer häufig verwendeten Definition beschreibt Kagelmann ein SSC als einen „[...] Organisationsansatz zur Bereitstellung von internen Dienstleistungen für mehrere Organisationseinheiten mittels gemeinsamer Nutzung von Ressourcen innerhalb einer Organisationseinheit [...]".[16] Dies bedeutet, dass Dienstleistungsprozesse zentral innerhalb einer SSC-Organisation gebündelt werden. Die Fokussierung liegt auf gleichartigen Prozessen, die aus jeglichen Unternehmensbereichen ausgelagert werden. Bei den ausgelagerten Geschäftsprozessen handelt es sich um Unterstützungsprozesse der Leistungsnehmer. Für das SSC handelt es sich allerdings um

---

[12] Vgl. Pérez (2009), S. 26 sowie vgl. Becker/Kunz/Mayer (2009), S. 5
[13] Vgl. Pérez (2009), S. 25
[14] Vgl. Weber/Truijens/Neumann-Giesen (2012), S. 9 sowie vgl. Kagelmann (2001), S. 1
[15] Vgl. Hollich/Otter/Scheuermann (2008), S. 13
[16] Kagelmann (2001), S. 49

Kernprozesse.[17] In vielen SSC wird das Rechnungswesen und Personalwesen sowie die Beschaffung abgewickelt.[18] Da die Unterstützungsprozesse an ein SSC gegeben werden, kann die Konzentration beim Leistungsnehmer auf das Kerngeschäft gerichtet werden.

Pérez beschreibt ein SSC detaillierter. Darin definiert sie die besondere Organisationsform als selbstständige Unternehmenseinheit, die markt- und kundenorientierte Dienstleitungen für ihre Konzernzentrale verrichtet.[19] Dabei erfolgt die Prozessdurchführung professionell und wertschöpfungsorientiert, woraus Synergieeffekte und Einsparungen generiert werden können.[20]

Es werden zwei Formen von SSC unterschieden. Es gibt transaktionsbasierte SSC und solche, bei denen die Expertise im Vordergrund steht.[21] Bei der transaktionsbasierten Form ist die Höhe der abzuwickelnden Transaktionen maßgeblich. Dazu zählen Prozesse, die sich häufig wiederholen und somit eine hohes Prozessvolumen aufweisen.[22] Aufgrund der Gegebenheiten lassen sich die Geschäftsprozesse standardisieren sowie optimal gestalten, um das primäre Ziel der Kostenreduktion, zu erreichen.

Die expertisebasierte Form legt die Fokussierung auf Prozesse, die ein hohes Fachwissen der Mitarbeiter benötigt.[23] Hierbei ist das Prozessvolumen deutlich niedriger, jedoch die Anforderungen an die Mitarbeiter aufgrund der komplexeren Tätigkeiten höher. Die Mitarbeiter agieren als Berater des Konzerns und unterstützen bei Entscheidungen.

Am häufigsten tritt die transaktionsbasierte Form von SSC auf, da hierbei die operativen Einheiten entlastet werden und die Kosteneinsparungen durch Skaleneffekte realisiert werden können. Allerdings ist auch die Anzahl der wissensbasierten Prozesse, laut der Studie von PwC, in den letzten Jahren gestiegen.[24] Aus diesem Grund ist die zukünftige Verteilung der beiden Formen von SSC offen.

---

[17] Vgl. Becker/Kunz/Mayer (2009), S. 19
[18] Vgl. Weber/Truijens/Neumann-Giesen (2012), S. 16
[19] Vgl. Pérez (2009), S. 26
[20] Vgl. ebd.
[21] Vgl. Becker/Kunz/Mayer (2009), S. 23
[22] Vgl. ebd.
[23] Vgl. ebd.
[24] Vgl. Suska/Weuster (2019), S. 8

2.2 Shared Service Center Ziele

Mit der Initialisierung eines SSC werden zahlreiche Ziele verfolgt. Das übergeordnete Ziel besteht aus der Reduzierung von Kosten.[25] Mit der Konsolidierung von Dienstleistungen, der Optimierung sowie Standardisierung von Prozessabläufen und deren Automatisierung soll das primäre Ziel erreicht werden.

Mittels der Bündelung von Tätigkeiten, die vor der SSC-Gründung an unterschiedlichen Standorten des Konzerns erbracht wurden, können Skaleneffekte erreicht und daraus entstehende Synergien genutzt werden.[26] Aufgrund dieser Zentralisierung kann das Prozessvolumen mit einem geringeren Ressourceneinsatz absolviert werden.[27] Dadurch kann Personal und deren Kosten eingespart werden. Die Deutsche Post AG hat bspw. den Personalbedarf im Bereich Finanz- und Rechnungswesen durch die Einführung ihres SSC um ca. die Hälfte reduzieren können.[28]

Zusätzlich entfallen Aufwendungen für Mieten sowie Büro- und Geschäftsausstattungen.[29] Die Zentralisierung hat des Weiteren einen Einfluss auf die Qualität der erbrachten Leistungen.[30] Durch eine kontinuierliche Standardisierung und Optimierung der Geschäftsprozesse wird die Qualität verbessert und die Zufriedenheit des internen Kunden sichergestellt. Dabei wird zusätzlich das Ziel verfolgt, dass die Durchlaufzeiten verringert werden und die Bereitstellung der Dienstleistungen zu einem früheren Zeitpunkt erfolgt.[31]

Durch die Ausgliederung in eine selbstständige Unternehmenseinheit können auch abweichende Tarifverträge und damit verbundene Personalkosteneinsparungen realisiert werden. Für das SSC ist der branchenzugehörige Tarifvertrag oft nicht gültig. Es wird ein eigener und günstigerer Haustarifvertrag ausgehandelt.[32] Dabei sind die Konditionen wie Lohn und Gehalt, Anzahl der Urlaubstage sowie die Arbeitsstunden unter dem Niveau des Tarifvertrages der Konzernmutter.

---

[25] Vgl. Weber/Truijens/Neumann-Giesen (2012), S. 18
[26] Vgl. Keuper/Oecking (2008), S. 61
[27] Vgl. Kagelmann (2001), S. 73
[28] Vgl. Mißler (2005), S. 40
[29] Vgl. Becker/Kunz/Mayer (2009), S. 33
[30] Vgl. Keupner/Oecking (2008), S. 61
[31] Vgl. Kagelmann (2001), S. 77
[32] Vgl. Becker/Kunz/Mayer (2009), S. 34

Die Konzernmutter verfolgt bei der Gründung eines SSC neben der Kostenreduzierung, das weitere Ziel, eine Konzentration auf die eigenen Kernkompetenzen vorzunehmen.[33] Dabei werden die operativen Einheiten entlastet und Tätigkeiten, die nicht zur Wertschöpfung beitragen, an das SSC abgegeben.[34] Die dabei frei werdenden Ressourcen der operativen Einheiten können zusätzlich in das Kerngeschäft eingesetzt werden. Im SSC wiederum, besteht das Kerngeschäft aus den Unterstützungsprozessen der operativen Einheiten.

Mit der Errichtung eines SSC und ihrem hohen Transaktionsvolumen, bieten sich zudem Möglichkeiten, um Investitionen in moderne Technologien zu tätigen.[35] Diese Investitionen sind aufgrund der hohen Kosten und eines geringen Volumens für kleinere Gesellschaften, aus ökonomischer Sicht oft nicht sinnvoll. Dazu kann beispielsweise der Einsatz von RPA zählen.

Teilweise lassen sich in der Literatur mitarbeiterbezogene Ziele finden, wobei diese umstritten sind. Mit der Entstehung eines SSC soll die Mitarbeitermotivation steigen und das Wissensmanagement verbessert werden.[36] Es lässt sich jedoch vermuten, dass sich die Mitarbeiter in der Realität eher benachteiligt fühlen. Dies ergibt sich aus den geringeren Gehältern und der hohen transaktionalen Prozessabwicklung, die unter bestimmten Standards zu erfüllen sind. Die Tätigkeiten sind insbesondere bei transaktionsbasierten SSC eintönig und geben den Mitarbeitern wenig Freiraum zur Gestaltung.

2.3 Business Process Outsourcing versus Shared Service Center

Ein Shared Service Center ist ein konzerninternes Outsourcing und gehört somit zu den Arten des Outsourcings.[37] Der Begriff „Outsourcing" ist ein künstlich gebildetes Wort, welches sich aus den Wörtern „**out**side", „**re**source" und „us**ing**" zusammensetzt.[38] Die sinngemäße Übersetzung der Begriffe bedeutet „Nutzung externer Ressourcen". Damit ist die Nutzung von externen Dienstleistern für bestimmte Geschäftsprozesse bzw. Bereiche aller Art gemeint.[39] Kagelmann erweitert die

---

[33] Vgl. Kagelmann (2001), S. 76
[34] Vgl. ebd.
[35] Vgl. Schulman (1999), S. 10
[36] Vgl. Kagelmann (2001), S. 77 - 78
[37] Vgl. Wullenkord/Kiefer/Sure (2005), S. 40
[38] Vgl. Kagelmann (2001), S. 54
[39] Vgl. Wullenkord/Kiefer/Sure (2005), S. 7

Definition in seinem Buch um den Zusatz „nach vorheriger Nutzung interner Ressourcen".[40] Häufig werden Funktionen bzw. Tätigkeiten an fremde Unternehmen abgegeben. Im allgemeinen Sprachgebrauch wird das Business Process Outsourcing (BPO) den Shared Services gleichgestellt. Allerdings gibt es einige Unterscheidungsmerkmale, die eine Abgrenzung zwischen den beiden Outsourcing-Modellen verdeutlichen.

Das wichtigste Unterscheidungskriterium liegt darin, dass beim BPO die Tätigkeiten tatsächlich an ein externes Unternehmen ausgelagert werden.[41] Daraus folgt, dass die Konzernmutter keinen direkten Einfluss auf die Leistungserbringung des externen Unternehmens nehmen kann.[42] Die unternehmerische Verantwortung wird dem externen Dienstleister übergeben.[43] Bei dem Konzept einer SSC-Organisation wird die Dienstleistung innerhalb des Konzerns durchgeführt und somit kann die Konzernmutter weiterhin einen direkten Einfluss ausüben. Obwohl SSC rechtlich und wirtschaftlich selbstständige Einheiten bilden, besitzt die Konzernmutter eine mehrheitliche Kapitalbeteiligung.[44] Zudem bleibt bei der Wahl einer SSC-Organisation das vorhandene Wissen innerhalb des Konzerns. BPO soll von Konzernen nur als Alternative gesehen werden, wenn ein externer Dienstleister günstiger und mit höherer Qualität eine Tätigkeit bzw. einen Prozess ausführen kann.[45]

In Abbildung 2 wird die Unterscheidung zwischen dem SSC und BPO grafisch dargestellt. Sie zeigt deutlich, dass ein SSC im Konzern zugehörig ist, wobei beim BPO die Dienstleistungen an ein fremdes Unternehmen abgegeben wird.

---

[40] Vgl. Kagelmann (2001), S. 54
[41] Vgl. Becker/Kunz/Mayer (2009), S. 21
[42] Vgl. Kagelmann (2001), S. 55
[43] Vgl. Pérez (2009), S. 39
[44] Vgl. Bergeron (2003), S. 5 sowie vgl. Becker/Kunz/Mayer (2009), S. 17
[45] Vgl. Pérez (2009), S. 222

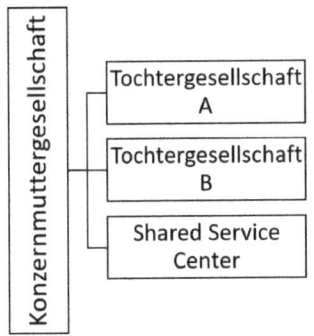 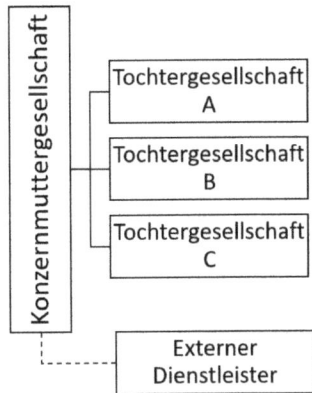

Abbildung 2: Unterscheidung von SSC und BPO
Quelle: Eigene Darstellung

2.4 Prozesse und Tätigkeiten

Nachdem in den vorherigen Kapiteln das SSC charakterisiert, die Zielsetzung geklärt und eine Abgrenzung zum BPO erfolgte, soll in diesem Kapitel eine Einordnung der Prozesse und Tätigkeiten geschehen. Anschließend sollen die sogenannten Service Level Agreements und deren Verbindung zu den Prozessen definiert werden.

In der Organisationstheorie wird zwischen Funktions- und Prozessorientierung unterschieden. Bei funktionsorientierten Organisationen wird die Gesamtaufgabe des Unternehmens in Teilaufgaben geteilt und nach ihren Funktionen gegliedert.[46] Dadurch können Tätigkeiten in klar abgegrenzten Abteilungen durchgeführt werden.

Bei der prozessorientierten Ausrichtung werden die Tätigkeitsfolgen auf den Kundennutzen ausgerichtet und findet Anwendung bei einem Großteil bestehender SSC.[47] Dabei steht die kundenorientierte Sichtweise im Mittelpunkt, die zu einer hohen Wertschöpfung beiträgt. Die Gesamtaufgabe wird abteilungs- und bereichsübergreifend abgewickelt und ermöglicht eine schnellere und fehlerreduzierte Bearbeitung, da beispielsweise eine Arbeitsübergabe zwischen verschiedenen

---

[46] Vgl. Vahs (2015), S. 145
[47] Vgl. Sterzenbach (2010), S. 85

Abteilungen entfällt.[48] Dies bedeutet, dass die Tätigkeiten in einer Ablauforganisation dargestellt werden.[49]

Wie bereits in den vorherigen Kapiteln erwähnt, werden Unterstützungsprozesse im SSC durchgeführt, die nicht zu den Kernprozessen der Konzernmutter gehören. Dazu werden aus den jeweiligen Geschäftseinheiten nicht wertschöpfende Tätigkeiten herausgelöst und im SSC zentral durchgeführt. Dies betrifft sämtliche Unternehmensbereiche, wie Personalmanagement, Finanzbuchhaltung sowie Informationstechnologie. In der Theorie eignet sich jeder Prozess entlang der Wertschöpfungskette für ein SSC, solange dieser keine Kernkompetenzen der operativen Gesellschaften benötigt. In der Praxis werden hauptsächlich administrative Finanzprozesse durchgeführt.[50] Die Wirtschaftsprüfungsgesellschaft KPMG führte im Jahr 2013 in Kooperation mit der Universität Sankt Gallen eine Studie zur Erhebung der aktuellen Situation von SSC durch. Dabei wurde u. a. analysiert, welche Funktionsbereiche für die SSC-Organisationsform als sinnvoll betrachtet werden. Gemäß der Studie sind das Rechnungswesen und das Reisemanagement am geeignetsten, um deren Prozesse in einem SSC abzuwickeln.[51] Zudem werden SSC auch häufig für den Informations- und Datenaufbereitungsbereich sowie das Personalmanagement eingesetzt.[52]

Eine weitere Studie zur SSC-Thematik wird bereits seit dem Jahr 1999 regelmäßig im Abschnitt von zwei Jahren, von der Unternehmensberatungsgesellschaft Deloitte, durchgeführt. Dabei werden weltweite Umfragen zu Entwicklung von SSC erstellt und analysiert. Insbesondere wird auf die Funktionsbereiche eines SSC eingegangen. Demnach gaben die befragten SSC im Jahr 2017 an, dass 88 % im Finanzbereich und 63 % im Personalwesen tätig sind.[53] In Abbildung 3 wird das Ergebnis der Deloitte-Umfrage dargestellt und zeigt, dass sich die Mehrheit der SSC auf das Finanz- und Rechnungswesen konzentrieren.

---

[48] Vgl. Vahs (2015), S. 208
[49] Vgl. ebd., S. 207
[50] Vgl. Pfitzmayer (2005), S. 154
[51] Vgl. Reinmann/Möller (2013), S. 15
[52] Vgl. Sterzenbach (2010), S. 85
[53] Vgl. Deloitte (2017b), S. 8

Abbildung 3: Ergebnisse zur Befragung der Shared Service Center Funktionen
Quelle: Aus dem Englischen nach Deloitte (2017b), S. 8

Eine detailliertere Aussage über die Tätigkeiten trifft die Studie von The Hackett Group aus dem Jahr 2004. Das Ergebnis in Abbildung 4 zeigt, welche Tätigkeitsbereiche des Finanzwesens in einem SSC durchgeführt werden. Die Spitze wird von der Kreditorenbuchhaltung, Debitorenbuchhaltung, sowie der Anlagenbuchhaltung gebildet. Besonders diese Bereiche besitzen ein hohes Transaktionsvolumen und eigenen sich optimal für die Ausgliederung in ein SSC.

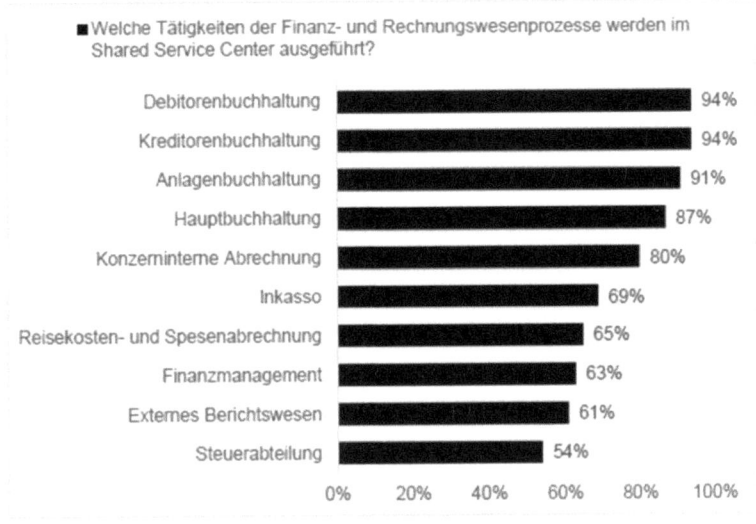

Abbildung 4: Finanz- und Rechnungswesenprozesse im Shared Service Center

Quelle: Aus dem Englischen nach The Hackett Group: Third Annual European Finance Shared Services Organisation Study (2004), S. 8

Mit Hinblick auf die Ergebnisse der genannten Studien konzentriert sich die vorliegende Bachelorarbeit insbesondere auf das transaktionsbasierte SSC mit den Bereichen des Finanz- und Rechnungswesens. Um Wiederholungen in der vorliegenden Bachelorarbeit zu vermeiden, werden die einzelnen Prozesse und Tätigkeiten in den jeweiligen Abschnitten von Kapitel 5 näher definiert. Um einen ersten Überblick in die Prozesse zu gewähren wurde Tabelle 1 erstellt.

Purchase to pay Beschaffungswesen	Order to cash Auftragsabwicklung	Hire to retire Personalwesen	Budget to report Abschlusserstellung
Bestellwesen	Angebotserstellung	Personalbeschaffung	Hauptbuchhaltung / Abschlusserstellung
Erfassung Lieferantenrechnungen	Auftragserfassung	Lohn- und Gehaltsabrechnung	Konsolidierung
Rechnungsbearbeitung	Fakturierung	Rentenabwicklung	Reporting
Zahlungsabwicklung	Zahlungseingänge	Reisekosten	Berichtswesen
Korrespondenz mit Lieferanten	Mahnwesen	Personalberichtswesen	

Tabelle 1: Exemplarische Prozesse eines Shared Service Center
Quelle: In Anlehnung an Krüger/Danner (2004), S. 219 sowie Kagelmann (2001), S. 44

3 Robotic Process Automation

In diesem Abschnitt werden die Merkmale von RPA beschrieben und die Funktionsweise erklärt. Zum besseren Verständnis von RPA wird eine Abgrenzung zu weiteren Robotertechnologien vorgenommen, die zur automatisierten Prozessabwicklung eingesetzt werden. In einem weiteren Schritt werden die unterschiedlichen Technologien chronologisch anhand der Stufen der Prozessautomatisierungen beschrieben. Abschließend werden Gründe, die für einen Einsatz von RPA sprechen dargelegt sowie Schwachstellen der Technologie aufgezeigt.

3.1 Robotertechnologien

Es gibt zahlreiche Robotertechnologien auf dem Markt, die Ähnlichkeiten zu RPA aufweisen und partielle Überschneidungen in deren Funktionen haben. Die Abgrenzungen zwischen den unterschiedlichen Technologien erfolgen oft nicht trennscharf. Für einen geeigneten Einsatz ist es jedoch von hoher Bedeutung, dass die unterschiedlichen Roboterlösungen in ihren variierenden Funktionsweisen verstanden werden.[54] Abbildung 5 veranschaulicht die Technologien anhand von Stufen, da die jeweiligen Funktionen ergänzt werden und jede weitere Stufe mehr Möglichkeiten für eine Automatisierung besitzt.

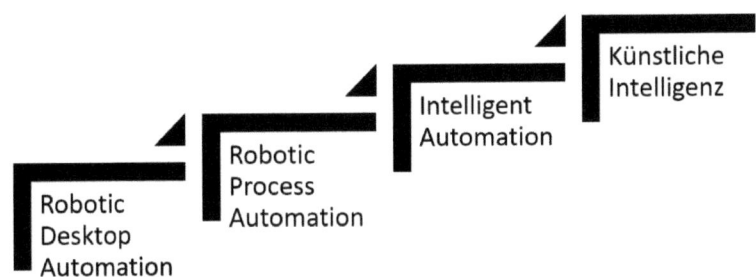

Abbildung 5: Stufen der Robotertechnologien
Quelle: In Anlehnung an Tripathi (2018), S. 10

Bei allen Robotertechnologien, die nachfolgend definiert werden handelt es sich um digitale Roboter. Es handelt sich dabei nicht um menschenähnliche Roboter, die an einem Computer physische Eingaben vornehmen.[55] Es handelt sich vielmehr um

---

[54] Vgl. Svatopluk et al. (2018), S. 12
[55] Vgl. Murdoch (2018), S. 6

digitale Roboter, die über eine Softwarelizenz erworben und als Softwareroboter bezeichnet werden.[56]

3.1.1 Robotic Desktop Automation

Robotic Desktop Automation (RDA) bildet die erste Stufe der Automatisierungsmöglichkeiten (Abbildung 5) mithilfe von digitalen Robotern. RDA ist eine vereinfachte Version von RPA und wie die Bezeichnung „Desktop Automation" bereits verrät, handelt es sich um eine Anwendung, die auf dem Desktop des Computers läuft.[57] Dies bedeutet, dass RDA im Vordergrund, auf die Bildschirmoberfläche zugreift und nicht unter einem gesperrten Bildschirm anwendbar ist. Durch die Einbindung von RDA können festgelegte Aufgaben, anwendungsübergreifend, durchführt werden.[58] Dabei übernimmt RDA eine assistierende Rolle und unterstützt den realen Mitarbeiter bei seinen Tätigkeiten.[59] Durch die Interaktion mit dem realen Mitarbeiter werden die definierten Aufgaben vom Roboter teilautomatisiert abgewickelt. Experten sprechen bei RDA auch von einem „attended" Roboter, da dieser nur unter Beaufsichtigung des Mitarbeiters agieren kann.[60]

Für eine Automatisierung mit RDA müssen die Prozessdaten strukturiert und in digitaler Form vorhanden sein. Zudem ist ein hohes Transaktionsvolumen sinnvoll und Prozesse benötigen eine geringere Komplexität. Eine detailliertere Erläuterung der Kriterien für RDA und RPA sind in Kapitel 4.1 aufgezeigt.

Ein einfaches Anwendungsbeispiel für RDA ist die Übertragung von Daten aus System A in System B.[61] Da Unternehmen häufig mehrere Systeme verwenden, die keine automatisierten Schnittstellen zur Datenübertragung besitzen, müssen Daten manuell von den Mitarbeitern übertragen werden. Für diese Fälle eignet sich der Einsatz von RDA optimal.

---

[56] Vgl. Lacity/Willcocks (2015)
[57] Vgl. King (2018), S. 16
[58] Vgl. Scheer (2017b), S. 3
[59] Vgl. Svatopluk et al. (2018), S. 12
[60] Vgl. Tripathi (2018), S. 27
[61] Vgl. King (2018), S. 17

3.1.2 Robotic Process Automation

Unter Robotic Process Automation (RPA) wird die automatisierte Bearbeitung von einfachen Geschäftsprozessen verstanden.[62] Der Begriff „Robotic" steht für den Einsatz des digitalen Roboters und „Process Automation" beschreibt die automatisierte Prozessdurchführung. Die Softwareroboter führen Aufgaben von Mitarbeitern aus, die bisher manuell erledigt wurden.

Von der Institution for Robotic Process Automation and Artificial Intelligence (IRPAAI) wird RPA als eine technische Anwendung definiert, die repetitive Aufgaben mit einem hohen Volumen abwickelt, für die ein Mitarbeiter normalerweise eine lange Bearbeitungszeit benötigt und die Tätigkeiten als unbedeutend empfindet.[63] Dementsprechend sind die Prozesskosten für die manuelle Abwicklung hoch und nicht wirtschaftlich. Stark strukturierte Daten, die digital verfügbar sind und nach bestimmten Regeln verarbeiten werden können, bilden optimale Voraussetzungen für den Einsatz von RPA.[64]

RPA ist eine innovative Möglichkeit, um Prozesse automatisiert durchzuführen.[65] Für automatisierte Prozessabwicklungen wurden bisher spezielle Schnittstellen benötigt, die eine Kommunikation zwischen den unterschiedlichen Anwendungen ermöglichten. RPA wiederum greift auf die gewöhnliche Benutzeroberfläche zu und imitiert einen menschlichen Benutzer, d. h. er übernimmt die Rolle des Benutzers und interagiert mit den jeweiligen Anwendungen.[66] Aus diesem Grund wird die RPA-Software auch als virtueller Mitarbeiter bezeichnet. Der Roboter kann auf jegliche Systeme zugreifen sowie webbasierte Anwendungen bedienen.[67] Es werden weder Anpassungen der jeweiligen Systeme benötigt, noch erfordert RPA spezielle Schnittstellen.

Besonders hervorzuheben ist die flexible Konfigurierbarkeit von RPA, da keine übliche Programmierung durch die IT-Abteilung notwendig ist.[68] Allerdings wird im Vorfeld eine Schulung benötigt, um die Funktionen des digitalen Roboters zu erlernen. Anschließend kann die Konfiguration des Roboters von Prozessexperten ohne

---

[62] Vgl. Hermann/Stoi/Wolf (2018), S. 28
[63] Vgl. IRPAAI (2015), S. 5
[64] Vgl. Allweyer (2016), S. 2
[65] Vgl. Czarnecki/Auth (2018), S. 113
[66] Vgl. King (2018), S. 12
[67] Vgl. Deloitte (2018), S. 1
[68] Vgl. Allweyer (2016), S. 2

spezielle Programmierkenntnisse vorgenommen werden. Bei dem sogenannten Training werden dem Roboter die auszuführenden Schritte beigebracht.

Auf den ersten Blick lassen sich keine Unterschiede zwischen RDA und RPA feststellen. Allerdings kann RDA nur vom Mitarbeiter ausgelöst werden, d. h. er wird nur bei Bedarf gestartet und arbeitet im Vordergrund auf derselben Workstation, wie der reale Mitarbeiter.[69] Im Gegensatz dazu kann RPA terminiert und im Hintergrund der Anwendungen ausgeführt werden. Daraus erfolgt der Vorteil, dass RPA an sieben Tagen in der Woche rund um die Uhr arbeiten kann, wobei RDA nur während der regulären Arbeitszeit des Mitarbeiters eingesetzt werden kann.

Wie im vorherigen Abschnitt 3.1.1 bereits erklärt, wird RDA als ein „attended" Roboter bezeichnet. Bei RPA handelt es sich um einen „unattended" Roboter, da er keine Beaufsichtigung eines Mitarbeiters benötigt und selbstständig im Hintergrund seine Tätigkeiten ausführt.[70] Es erfolgt kein menschlicher Eingriff in den Prozess. Daraus ergibt sich, dass bei dem Einsatz von RPA, Aufgaben vollständig von Robotern übernommen werden und die Mitarbeiter mehr Zeit für wertschöpfende Tätigkeiten erhalten.[71]

3.1.3 Intelligent Automation und Künstliche Intelligenz

Unter Intelligent Automation (IA) wird der gemeinsame Einsatz von RPA sowie der Künstlichen Intelligenz (KI) verstanden und bildet die nächste Stufe der Robotertechnologien für Prozessautomatisierungen.[72] IA geht noch einen Schritt weiter als RPA und ist aufgrund der Kombination von KI lernfähig. Dadurch besitzt Intelligent Automation die Möglichkeit nicht nur einfache, sondern komplexe Prozesse zu replizieren.[73]

Die eindeutige Definition von KI stellt für Wissenschaftler eine Problemstellung dar. Dies erschließt sich aus den folgenden zwei Gründen. Zum einen ist die Eingrenzung von KI aufgrund des großen Anwendungsgebiets schwierig und zum anderen erweist sich allein die Definition von menschlicher Intelligenz bereits als eine Herausforderung.[74] Die Wissenschaftler sind sich jedoch einig, dass es sich bei

---

[69] Vgl. King (2018), S. 16
[70] Vgl. King (2018), S. 19
[71] Vgl. Allweyer (2016), S. 1
[72] Vgl. King (2018), S. 23
[73] Vgl. Herrmann (2017)
[74] Vgl. Buxmann/Schmidt (2019), S. 6

KI um eine Technologie handelt, die sich mit der Entwicklung von sogenannten „intelligenten Agenten" beschäftigt.[75] Dabei wird das Ziel verfolgt, Maschinen zu entwickeln, die wie Menschen denken und dadurch zweckvolles Handeln ableiten können.[76] KI verfügt über eine eigene Intelligenz und löst anhand dieser komplexe Problemstellungen. Dabei wird eine Vielzahl von Technologien und Algorithmen eingesetzt, die den KI-Roboter befähigen bestmögliche Entscheidungen aufgrund gegebener Situationen zu treffen.[77] Der Roboter ist lernfähig und erkennt, welche Schritte aufgrund der Gegebenheiten als nächstes ausgeführt werden müssen.[78]

Es wird zwischen einer schwachen und starken KI unterschieden. Die schwache KI beschäftigt sich nur mit bestimmten Anwendungsgebieten, wobei die starke KI sämtliche Vorgänge imitiert, die im menschlichen Gehirn geschehen.[79] Bei Intelligent Automation wird zunächst die schwache KI in Verbindung mit RPA integriert.

Ein Beispiel für die Anwendung von KI ist die Erkennung von Handschriften. Es ist der KI möglich Handschriften zu erkennen, obwohl sie nicht auf all die weltweit existierenden Handschriften trainiert ist. Anhand der kognitiven Fähigkeiten gelingt es ihr den handschriftlichen Text zu erkennen und deren Inhalt zu deuten.[80] Dadurch kann die KI, aufgrund der erlernten Informationen, zukünftige Beispiele von handschriftlichen Dokumenten erkennen.

Die Bedeutung von Intelligent Automation wird in der Zukunft eine große Rolle spielen, da Unternehmen einen hohen Nutzen durch deren Einsatz erwarten.[81] Aus diesem Grund beschäftigen sich RPA-Anbieter mit der Erweiterung ihrer Anwendungen um kognitive Funktionen.[82] Die Roboter erlernen, wie sie richtige Entscheidungen anhand von unvollständigen Informationen treffen können. Somit können weitere Geschäftsvorfälle durch einen Robotereinsatz automatisiert werden.[83] Insbesondere komplexe Tätigkeiten, bei denen RPA derzeit Unterstützung der realen Mitarbeiter benötigt, können mittels Intelligent Automation automatisiert

---

[75] Vgl. ebd.
[76] Vgl. Russell/Norvig (2012), S. 23
[77] Vgl. Ernst & Young (2017), S. 11
[78] Vgl. Scheer (2017b), S. 9
[79] Vgl. Buxmann/Schmidt (2019), S. 6
[80] Vgl. King (2018), S. 24
[81] Vgl. Genpact (2018), S. 11
[82] Vgl. Roboyo (2018)
[83] Vgl. ebd.

abgewickelt werden.[84] Derzeit sind allerdings erst wenige KI-basierte RPA-Anwendungen im Einsatz.

3.2 Gründe für einen Robotereinsatz

Zahlreiche Gründe sprechen für die Anwendung von RPA. In diesem Abschnitt werden die Vorteile aufgezeigt und erläutert.

- Kosteneinsparung: Sobald von Prozessautomatisierungen gesprochen wird, lässt sich dies mit Kostenreduzierungen assoziieren. Mit dem erfolgreichen Einsatz von RPA können Unternehmen eine deutliche Kostenreduzierung erreichen.[85] Da der digitale Roboter Aufgaben übernimmt, die im Vorfeld von Mitarbeitern getätigt wurden, können insbesondere Personalkosten reduziert werden. Die Lizenzkosten für einen Roboter sind i. d. R. geringer als die Personalkosten für den realen Mitarbeiter.[86] Laut dem führenden RPA-Anbieter UiPath kann ein Roboter bis zu drei vollzeitbeschäftigte Mitarbeiter ersetzen.[87] Die tatsächlich realisierbaren Einsparungspotentiale hängen vom Automatisierungsgrad der jeweiligen Unternehmen ab und können stark variieren. Experten berichten, dass durch RPA-Projekte, Einsparungen zwischen 20 – 60 % erzielt werden können.[88]

- Qualitätssteigerung: Besonders bei fehleranfälligen Prozessen, kann RPA durch die Genauigkeit bei der Prozessausführung, die Fehleranzahl reduzieren.[89] Jeder Fehler verursacht eine zusätzliche manuelle Nacharbeit, die mit hohen Prozesskosten verbunden ist. Durch die präzise Definition aller Schritte wird die Fehlerquote auf ein Minimum reduziert und hat gleichzeitig einen positiven Einfluss auf die Kostenreduzierung.[90] Allerdings erfordert das Training von RPA im Vorfeld eine hohe Disziplin, um jede mögliche Situation abzubilden. Dafür zeigt der Roboter keine Müdigkeit und ist rund um die Uhr leistungsfähig. Trotz einer hohen Anzahl von Wiederholungen entstehen bei der RPA-Ausführung keine Flüchtigkeitsfehler.

---

[84] Vgl. Scheer (2017b), S. 7
[85] Vgl. King (2018), S. 38
[86] Vgl. Ernst & Young (2017), S. 13
[87] Vgl. Deckard (2018), S. 13
[88] Vgl. Deloitte (2017a), S. 4 sowie vgl. Kroll et al. (2016), S. 8
[89] Vgl. Murdoch (2018), S. 17
[90] Vgl. Deckard (2018), S. 13

- Reduktion der Durchlaufzeiten: RPA kann die Tätigkeiten schneller und präziser als ein Mensch ausführen.[91] Da der Roboter täglich rund um die Uhr einsetzbar ist und die Aufgaben in einer höheren Geschwindigkeit ausführt, können die Durchlaufzeiten der Geschäftsprozesse verbessert werden. Vom Software-Anbieter VANDA Group wurde ein Video veröffentlich, indem ein Vergleich zwischen der Prozessausführung eines realen und virtuellen Mitarbeiters zu sehen ist. Der reale Mitarbeiter benötigt für die manuelle Ausführung der Tätigkeit 11:29 Minuten wobei der Roboter für die identischen Schritte nur 1:23 Minuten benötigt.[92] Dieses Beispiel zeigt, dass die Durchlaufzeiten der Prozesse erheblich beschleunigt werden können.

- Einfache Umsetzung: Zusätzlich besteht eine geringere Laufzeit für die Implementierung von RPA gegenüber dem Programmieraufwand für Anpassungen bei herkömmlichen IT-Systemen.[93] RPA-Projekte werden aufgrund der geringen Umsetzungskomplexität normalerweise innerhalb weniger Wochen umgesetzt.[94] Ein weiterer Vorteil besteht in der Unabhängigkeit von der IT-Abteilung. Für das Training der Roboter werden keine Softwareentwickler mit entsprechenden Programmierkenntnissen benötigt. Durch bestimmte Schulungen können Mitarbeiter aus den jeweiligen Fachbereichen die Programmierung der Roboter erlernen.[95] Besonders zwischen der IT-Abteilung und den operativen Einheiten führen Kommunikations- und Verständnisprobleme häufig zu Diskrepanzen bei der Umsetzung von Anforderungen. Diese Probleme entfallen aufgrund der genannten Gründe bei der Anwendung von RPA. Für die IT-Abteilung ergibt sich daraus der Vorteil, dass keine Systeme und Anwendungen neben der offiziellen IT-Infrastruktur angesiedelt werden.

---

[91] Vgl. Murdoch (2018), S. 18
[92] Vgl. Vanda (2015)
[93] Vgl. Manutiu (2018), S. 5
[94] Vgl. ebd.
[95] Vgl. Allweyer (2016), S. 2

- Erhöhung der Mitarbeitermotivation: Da der Roboter monotone Tätigkeiten übernimmt, werden Ressourcen freigeben, die für interessantere und wertvollere Tätigkeiten eingesetzt werden können.[96] Dies kann einen positiven Einfluss auf die Zufriedenheit der Mitarbeiter bewirken. Die Mitarbeiter empfinden ständig wiederholende Tätigkeiten, bei denen keine kognitive Leistung erfordert wird, meist als lästig und frustrierend. Oft sind deshalb die Mitarbeiter dankbar, diese Tätigkeiten an den Roboter abgeben zu können und sich auf hochwertigere und sinnvolle Aufgaben zu konzentrieren.[97] Der Roboter erledigt die eintönigen Tätigkeiten und die Mitarbeiter nutzen die Möglichkeit sich um wertschöpfende und interessantere Aufgaben zu widmen. Laut einem Bericht, der in der Harvard Business Review veröffentlicht wurde, beschreiben zwei Professoren der London School of Economics, dass mittels RPA die roboterähnlichen Tätigkeiten für den Menschen entfallen und somit Freiraum, für als hochwertiger empfundene Tätigkeiten, ermöglicht wird.[98]

- Einhaltung von Compliance-Vorgaben: Die Einhaltung von Compliance Richtlinien ist für Unternehmen ein wichtiges Thema geworden, da die nationalen und internationalen Anforderungen an Unternehmen in diesem Bereich zugenommen haben.[99] Mitarbeitern fehlen oftmals ausreichende Schulungen, um die Compliance-Vorgaben einzuhalten. Dies kann für Unternehmen bis zu strafrechtlichen Verstößen und Bußgeldern führen. Im Allgemeinen wird RPA nicht mit Compliance assoziiert. Doch da die Roboter nicht im eigenen Interesse handeln, nur regelbasierte Tätigkeiten ausführen und diese genau nach den vorgegebenen Richtlinien tätigen, werden die Compliance-Vorgaben eingehalten.[100] Zudem wird jede Aktivität des Roboters protokolliert und ist jederzeit nachvollziehbar.

---

[96] Vgl. Murdoch (2018), S. 19
[97] Vgl. Lacity/Willcocks (2015)
[98] Vgl. ebd.
[99] Vgl. Siriu (2018)
[100] Vgl. Deckard (2018), S. 13

- Insourcing anstatt Outsourcing: Tätigkeiten, die im Vorfeld ausgelagert wurden, können durch den Einsatz von RPA wieder im Unternehmen durchgeführt werden. Obwohl das Outsourcing in anderen Ländern aufgrund des niedrigeren Lohnniveaus lukrativ ist, können die Prozesskosten mittels RPA noch umfassender reduziert werden. Die Lizenzkosten für RPA sind meist geringer als die Personalkosten, selbst in Ländern mit niedrigem Gehaltsniveau. Zudem wird die Problematik der Zeitzonenunterschiede und Sprachbarrieren vermieden.[101]

Zusammenfassend lässt sich sagen, dass RPA einen erheblichen Einfluss auf die Faktoren Kosteneinsparung, Prozessgeschwindigkeit, -genauigkeit sowie -qualität vornehmen kann. Wie in diesem Abschnitt aufgezeigt, gibt es einige Gründe, die für einen Robotereinsatz sprechen und dem Unternehmen einen Mehrwert bieten.

3.3 Kritik zu Robotic Process Automation

Bei RPA handelt es sich zwar um eine moderne und nützliche Technologie, doch die Anwendung besitzt auch Schwachstellen, die in diesem Abschnitt behandelt werden.

Die Unternehmen sollten darauf achten, dass sie sich von den vielen Vorteilen nicht blenden lassen und auch die möglichen Risiken von RPA berücksichtigen. RPA ist keine Lösung, die auf jeden Prozess angewendet werden kann und stellt somit nicht das Heilmittel aller manuellen Prozesse dar.[102] Teilweise eignen sich andere Möglichkeiten, um einen Prozess zu automatisieren.

RPA ist nicht für eine Vielzahl von Ausnahmen ausgelegt, sondern muss auf jede Prozessabweichung vorbereitet werden. Wenn die Prozessausnahmen bei der Konfiguration nicht berücksichtigt werden, bricht der Roboter den Prozess ab und bringt eine Fehlermeldung. Um dies zu vermeiden, müssen in Vorfeld die Prozesse genau analysiert werden, um sicherzustellen, dass alle Ausnahmen bei der Programmierung berücksichtigt wurden.

RPA ist nur für einfache und nicht komplexe Tätigkeiten anwendbar. Dies hat zur Folge, dass ein Großteil der Geschäftsprozesse nicht mit RPA automatisiert werden können. Kritiker von RPA behaupten, dass die meisten Aufgaben im Unternehmen

---

[101] Vgl. Institute for Robotic Process Automation (2015), S. 13
[102] Vgl. Maifarth (2018)

eine höhere Komplexität aufweisen und nicht anhand eines einfachen Regelwerkes definiert werden können.[103]

Des Weiteren wird kritisiert, dass Unternehmen den Einsatz von RPA oftmals nicht an die Belegschaft kommunizieren, da Roboter schnell mit Rationalisierung von Arbeitsplätzen verbunden werden und bei den Mitarbeitern Angst auslösen können.[104] Kurzfristig kann diese Vorgehensweise erfolgreich sein, allerdings muss bedacht werden, dass die Stimmung der Mitarbeiter deutlich negativer ausfallen wird, wenn die Implementierung verheimlicht und der Robotereinsatz zu einem späteren Zeitpunkt bekannt wird.

Gina Schaefer ist die Leiterin des Teams Robotic and Cognitive Process Automation bei Deloitte und führt in einem Interview an, dass die Roboter nicht in jedem Fall schneller als ein realer Mitarbeiter sind.[105] Die Roboter können zwar zügig wiederholbare Tätigkeiten ausführen, aber es kommt nicht immer auf die Schnelligkeit an. Häufig müssen Entscheidungen getroffen werden, für die ein Mensch nur wenige Sekunden benötigt, während ein Roboter Tabellen von Kriterien abfragt, um die optimale Entscheidung treffen zu können. Es kann auch sein, dass die Roboter in diesen Fällen an ihre Grenzen stoßen, denn sie sind nur auf ihre festgelegten Routinen und Regeln limitiert und können darüber hinaus nicht agieren.[106]

Über Jahrzehnte haben sich in den Unternehmen heterogene Systemlandschaften entwickelt, die nicht kompatibel sind. Mit dem Roboter werden aus der Sicht von Kritikern nur Symptombehandlungen und keine Ursachenbehebungen vorgenommen. Um die Ursache für die Problematik zu lösen, müsste die IT-Landschaft systematisch analysiert und konsolidiert werden.[107]

Aufgrund des gesunden Menschenverstandes können von Personen kleine, aber essenzielle Entscheidungen getroffen werden.[108] Diese Fähigkeit fehlt den Robotern, weshalb ihm jede Kleinigkeit beigebracht werden muss und sich dadurch die Einarbeitungszeit des Roboters verlängert. So kann ein Roboter bspw. nicht erkennen,

---

[103] Vgl. Bremmer (2017)
[104] Vgl. ebd.
[105] Vgl. Schaefer (2016), S. 1 – 2
[106] Vgl. Mauerer (2018)
[107] Vgl. ebd.
[108] Vgl. Lacity/Willcocks/Craig (2015), S. 13

dass sich St. Petersburg und Sankt Petersburg entsprechen. Ein Mensch erkennt sofort, dass es sich hierbei um die gleiche Stadt handelt.

3.4 Einsatz von Robotic Process Automation in Deutschland

In einer aktuellen Studie von Deloitte wurden weltweit Unternehmen zum Einsatz von Robotertechnologien befragt. Darunter befanden sich 100 Experten, die Angaben zu den Situationen in deutschen Unternehmen machten. Es gaben 67 % der Befragten an, dass sie bereits RPA-Lösungen aktiv im Einsatz haben und ihre Prozesse automatisierten.[109] Bei ca. 30 % ist eine Implementierung von Softwarerobotern geplant.

Die Studie zeigt zudem einen Vergleich zwischen Deutschland und ähnlichen Ländern (Abbildung 6). Die Anwendungsrate in Deutschland ist um ca. 37 % höher, als in vergleichbaren Ländern.[110] Als Vergleichsmaßstab wurden die Befragungsergebnisse von USA, Kanada, China, Frankreich und Australien herangezogen. In diesen Ländern werden nur bei 49 % der Unternehmen Roboterlösungen eingesetzt. Die Studie belegt eine starke Nutzung von Robotertechnologien in Deutschland.

---

[109] Vgl. Deloitte (2019), S. 4
[110] Vgl. ebd., S. 9

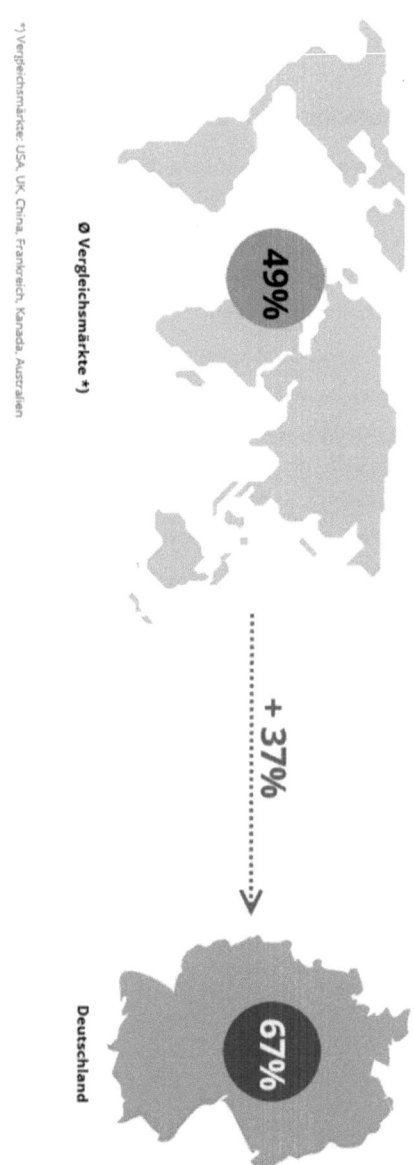

Abbildung 6: Vergleich der Einsatzraten von Robotic Process Automation
Quelle: Deloitte (2019), S. 9

4 Voraussetzungen für die Implementierung

Bisher wurde RPA vorgestellt und die Vorteile sowie Risiken für den Einsatz von RPA betrachtet. Nun stellt sich die Frage, für welche Geschäftsprozesse und Datentypen die Software geeignet ist und welche allgemeingültigen Kriterien für einen erfolgreichen Einsatz zu berücksichtigen sind. Dieser Abschnitt soll mit einem Kriterienkatalog abgeschlossen werden, der die Einstufung für die Daten- und Prozesseignung ermöglicht.

4.1 Eignung der Daten und Prozesse

Um entscheiden zu können, welche Prozesse mit RPA automatisiert werden können, ist eine Analyse der Prozesse sowie Datentypen notwendig. Dabei sind einige Kriterien zu berücksichtigen, die als Voraussetzungen für eine erfolgreiche RPA-Implementierung gelten. Nachdem die Kriterien berücksichtigt und bewertet wurden, kann die Entscheidung für oder gegen einen RPA-Einsatz getroffen werden.

Das erste Kriterium bezieht sich auf die Form der Daten. Der Roboter kann nur mit digitalen Daten arbeiten.[111] Da es sich bei RPA um einen digitalen Roboter handelt, ist es zwingend notwendig, dass der Prozess bereits in digitaler Form existiert. Jeder analoge Prozessschritt kann vom Roboter nicht ausgeführt werden. Ansonsten müssen die Daten zunächst digitalisiert werden, wodurch ein manueller Arbeitsaufwand notwendig wird.

Da RPA keine Künstliche Intelligenz besitzt, werden strukturierte Daten benötigt.[112] Unter unstrukturierten Daten werden bspw. der Freitext einer E-Mail sowie handgeschriebene Dokumente verstanden.[113] Strukturierte Daten halten eine erwartete Form ein, die bspw. in einem Formular vorhanden ist. Anhand der Struktur kann der Roboter gezielt auf die Daten zugreifen und diese entsprechend verarbeiten.

RPA kann mit einer OCR-Software[114] kombiniert werden und erlangt damit die Fähigkeit, Daten zu erkennen. Insbesondere Texte und Zahlen eignen sich hervorragend für die Datenerkennung mittels einer OCR-Software.[115] Obwohl die OCR-

---

[111] Vgl. Gebarth (2017)
[112] Vgl. Murdoch (2018), S. 49
[113] Vgl. Gebarth (2017)
[114] Software für optische Zeichen- und Texterkennung
[115] Vgl. Smeets (2018)

Softwareanbieter in den letzten Jahren mit ihren Produkten einen großen Fortschritt erlangen konnten, stellen Bilder und handschriftliche Dokumente weiterhin eine Herausforderung dar. Um diese Datentypen zu erkennen, ist eine zusätzliche Einbindung von KI notwendig.

Eine weitere Voraussetzung ist die Wiederholbarkeit der Prozesse.[116] Nur wenn sich die Tätigkeiten regelmäßig wiederholen ist der Einsatz von RPA sinnvoll. Der Roboter arbeitet die auszuführenden Transkationen in einer Schleife ab. Dabei ist es wichtig, dass jede Wiederholung identisch ist und keine gravierenden Ausnahmen aufweist. Es besteht die Möglichkeit Ausnahmefälle im RPA-Prozess einzubinden, allerdings erhöht dies den Programmieraufwand.

Die Prozesse müssen zudem nach einem Regelwerk definierbar sein.[117] Dabei muss beachtet werden, dass der Prozess vom Start bis zum Ende standardisiert und regelbasiert ist. Können nur einzelne Aufgabenteile mit Regeln definiert werden, eignen sich diese nicht für eine vollständige Automatisierung mit RPA. Hierbei ist eine eventuelle Teilautomatisierung zu prüfen, die mit RDA ausgeführt werden kann.[118] Analog gilt dies auch für Ausnahmeregelungen. Für einen gelungenen RPA-Einsatz sollte der Prozess nur wenige Ausnahmen besitzen.[119] Diese können als Ausnahmebehandlungen programmiert werden, sollten aber ein gewisses Maß nicht überschreiten.

Bezogen auf den Return on Investment[120] ist das Transaktionsvolumen eine essenzielle Voraussetzung.[121] Je höher das Transaktionsvolumen ist, desto lukrativer erweist sich die Automatisierung. Fallen Prozesse in einer geringen Frequenz bspw. halbjährlich an, ist eine Rechtfertigung aus Sicht der Kosteneinsparungen meist nicht mehr sinnvoll. Die Lizenzkosten von RPA sollten die erreichten Kosteneinsparungen nicht übersteigen.[122]

---

[116] Vgl. Murdoch (2018), S. 48
[117] Vgl. Deloitte (2017a), S. 5
[118] Vgl. Smeets (2018)
[119] Vgl. Murdoch (2018), S. 49
[120] Kennzahl zur Messung der Rendite von unternehmerischen Tätigkeiten
[121] Vgl. Gebharth (2017)
[122] Vgl. Smeets (2018)

Prozesse, die regelmäßigen Änderungen ausgesetzt sind, eigenen sich nicht für eine RPA-Automatisierung.[123] Diese Änderungen können zu Fehlern führen, die aufgrund von falschen Informationen ausgelöst werden. Der Roboter ist zwar flexibel programmierbar, jedoch erfordert jede Prozessanpassung einen manuellen Änderungsaufwand. Aus diesem Grund eignen sich nur Prozesse, die bereits etabliert und stabil sind. Das Gleiche gilt auch für Anwendungen und Systeme, auf die der Roboter zugreift. System-Updates müssen im Vorfeld ausgiebig geprüft und getestet werden, damit sie keine negativen Auswirkungen auf die Prozessautomatisierung haben.

RPA ist hauptsächlich für Prozesse geeignet, die eine geringe Komplexität besitzen.[124] Dabei handelt es sich generell um Tätigkeiten, die einfach abgebildet werden können. Komplexe Tätigkeiten können zwar auch automatisiert werden, wenn sie nach einem bestimmten Regelwerk definierbar sind, allerdings benötigen diese einen höheren Arbeitsaufwand für die Programmierung. Deshalb gilt der Grundsatz: umso geringer die Komplexität ist, desto schneller können Resultate erlangt werden.

Für Prozesse mit einer hohen Fehlerrate ist der Einsatz besonders lohnenswert. Die häufigsten Fehler entstehen aufgrund von manuellen Eingaben, die von Menschen durchgeführt werden.[125] Durch die automatisierten Eingaben des Roboters, können Fehler minimiert und einen positiven Einfluss auf die Prozessqualität genommen werden.

Die Vielzahl der genannten Eigenschaften zeigt, dass die Prozessauswahl gründlich durchgeführt werden sollte. In Tabelle 2 werden Kriterien gesammelt und in einen Kriterienkatalog aufgezeigt, der für die Einschätzung zur Eignung der Datentypen sowie Prozesse angewendet werden kann. Anhand der aufgezeigten Merkmale kann zudem eine Priorisierung der Prozesse vorgenommen werden, um knappe Ressourcen im Unternehmen sinnvoll auszulasten. Letztendlich lässt sich festhalten, dass es sich bei den Kriterien um charakterisierende Attribute handelt, die bei der Bewertung von Prozessen unterstützen können.[126] Es ist hilfreich, wenn die Merkmale überwiegend zutreffen, da somit der Prozess einfacher automatisiert

---

[123] Vgl. Murdoch (2018), S. 50
[124] Vgl. Smeets (2018)
[125] Vgl. Agentbase AG (2018), S. 5
[126] Vgl. Gebhardt (2017)

werden kann. Allerdings besteht keine zwingende Voraussetzung, dass jedes Kriterium vollständig erfüllt sein muss.

	Prozess 1	Teilprozess 1	Teilprozess 2	Teilprozess 3	Teilprozess 4	Prozess 2	Teilprozess 1	Teilprozess 2	Teilprozess 3	Teilprozess 4
Datengrundlage										
Digital										
Strukturiert										
Text und Zahlen										
Prozesseigenschaft										
Wiederholbar										
Regelbasiert										
Hohes Volumina										
Prozessstabilität										
Geringe Komplexität										

Tabelle 2: Kriterienkatalog zur Identifikation von Daten und Prozessen
Quelle: (Eigene Darstellung)

4.2 Vergleich der Eigenschaften

In den Kapiteln 2.1 und 4.1 wurden die Eigenschaften des SSC und RPA dargestellt. In diesem Kapitel soll ein Vergleich der Eigenschaften aufzeigen, ob Gemeinsamkeiten bestehen und somit eine Anwendung des digitalen Roboters in einem SSC sinnvoll ist.

In Tabelle 3 wurde eine Matrix erstellt, um einen Abgleich der Eigenschaften vorzunehmen und diese auf Gemeinsamkeiten zu überprüfen. In der ersten Spalte sind die jeweiligen Eigenschaften aufgelistet. Des Weiteren wird in der zweiten Spalte durch ein „x" angegeben, ob die Eigenschaften auf eine SSC-Organisation zutreffen. Analog erfolgt die Einstufung in der dritten Spalte für RPA. Stimmen die Eigenschaften des SSC mit den Anforderungen für RPA überein, ist eine robotergesteuerte Prozessautomatisierung möglich.

Eigenschaften	Shared Service Center	Robotic Process Automation
Standardisierte Prozesse	x	x
Hohes Transaktionsvolumen	x	x
Repetitive Tätigkeiten	x	x
Stabile / etablierte Prozesse	x	x
Geringe Prozesskomplexität	x	x
Finanz- und Rechnungswesen	x	x
Regelbasierte Aufgaben	x	x
Fehleranfällige Prozesse	Individuelle Betrachtung	x
Digitale Daten	Individuelle Betrachtung	x

Tabelle 3: Gegenüberstellung der Eigenschaften
Quelle: Eigene Darstellung

Die Ergebnisse in Tabelle 3 zeigen eine hohe Übereinstimmung der Eigenschaften des SSC mit den Anforderungen für RPA. Lediglich bei den untersten zwei Eigenschaften ist eine Einschätzung abhängig von den jeweiligen Unternehmen und muss in einer Einzelbewertung geprüft werden. Anhand des Ergebnisses lässt sich ableiten, dass ein SSC passende Voraussetzungen für die Implementierung von RPA bietet und ein Einsatz sinnvoll ist.

4.3 Prozessauswahl

Um geeignete Prozesse innerhalb einer SSC-Organisation zu definieren ist im ersten Schritt die Anwendung des Kriterienkatalogs von Tabelle 2 zu empfehlen. Dabei werden alle Merkmale berücksichtig, die für eine erfolgreiche RPA-Implementierung von Bedeutung sind. Da in Unternehmen die Ressourcen begrenzt sind, können nicht alle Anwendungsfälle gleichzeitig umgesetzt werden. Eine Priorisierung der Prozesse ist dabei empfehlenswert.

Für die Umsetzung der ersten Prozesse ist es hilfreich, mit einfachen Prozessen zu beginnen.[127] Komplizierte Prozesse sollten erst implementiert werden, nachdem die ersten Erfahrungen gesammelt wurden.

Bei den weiteren Prozessen sollten die Einsparpotenziale berücksichtigt werden. Zeitaufwendige Prozesse mit einem hohen Transaktionsvolumen besitzen meist ein höheres Einsparungspotenzial und sollten aus diesem Grund mit hoher

---

[127] Vgl. Wibbenmeyer (2018), S. 33

Priorität umgesetzt werden. Für die Priorisierung kann eine einfache Kalkulation unterstützen.[128] Dafür wird die benötigte Zeit je Prozessausführung mit der Anzahl der Transkationen multipliziert. Je höher die Zeitersparnis, desto sinnvoller ist die Implementierung des Prozesses. Als weiteren Faktor kann der Lohnstundensatz der Mitarbeiter berücksichtigt werden.

Besonders bei den ersten Prozessen kann es vorkommen, dass die realen Mitarbeiter der Einführung kritische gegenüberstehen. Um sie vom RPA-Einsatz zu überzeugen, kann die Umsetzung von deren unbeliebtesten Aufgabe einen Vorteil bieten.

---

[128] Vgl. King (2018), S. 127

5 Anwendungsbereiche im Shared Service Center

In SSC Organisationen wird die Kostenreduzierung als primäres Ziel angestrebt.[129] Mit einer effizienten Gestaltung der Geschäftsprozesse sowie deren kontinuierlichen Optimierung und Standardisierung, wird die Zielerreichung verfolgt. Die Automatisierung von Geschäftsprozessen ist dabei ausschlaggebend, da hierdurch eine hohe Reduzierung von Personalkosten erreicht wird. Mit dem Einsatz von RPA bieten sich für SSC neue Potenziale, den Automatisierungsgrad weiterhin zu erhöhen. Nun stellt sich die Frage, ob SSC die Möglichkeiten ausschöpfen und in welchen Bereichen sich Potenziale für eine Automatisierung bieten. Um die erste Frage zu beantworten, werden die Ergebnisse einer aktuellen Studie von Deloitte aus dem Jahr 2017, herangezogen. An dieser Umfrage haben weltweit 1100 SSC aus 330 Branchen teilgenommen. Gemäß den Ergebnissen (siehe Abbildung 7) haben 8 % bereits Softwareroboter im Einsatz, 26 % sind mit der Pilotphase beschäftigt, 24 % möchten den Roboter in der Zukunft einsetzen und 42 % haben noch nicht mit der Implementierung gestartet.[130]

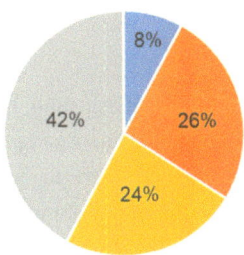

Abbildung 7: Ergebnisse zum Robotereinsatz im Shared Service Center
Quelle: In Anlehnung an Deloitte (2017b), S. 16

---

[129] Vgl. Weber/Truijens/Neumann-Giesen (2012), S. 18
[130] Vgl. Deloitte (2017b), S. 16

Neben dem Einsatz von RPA wurden ihre Erwartungen zu den Einsparungen erfragt. Nur 9 % der Befragten gaben an, dass sie eine Kostenreduktion von über 40 % erwarten. 27 % erwarten Einsparungen zwischen 20 % und 40 % und bei 65 % der befragten SSC wird die Einsparung auf unter 20 % geschätzt.[131]

Die Ergebnisse der Umfrage bestätigen, dass SSC die Möglichkeiten der Roboter nutzen und damit ihre Geschäftsprozesse automatisieren. Eine Verbindung der Ergebnisse mit der in Kapitel 3.4 erwähnten Studie zeigt, dass RPA zwar in Deutschland eingesetzt wird, jedoch im Bereich Shared Services noch Potenziale für den Einsatz bestehen. Zudem wird belegt, dass ein Einfluss auf das primäre Ziel der Kostenreduzierung erwartet wird. Die Einschätzungen schwanken jedoch stark zwischen den jeweiligen SSC. Die Einsparungspotenziale sind vom Reife- und Automatisierungsgrad der SSC abhängig und können stark abweichen.

Da die Prozesse individuell in jedem SSC anhand des Kriterienkatalogs bewertet werden müssen, können in den nächsten Abschnitten nur praxisnahe Anwendungsbeispiele aufgezeigt werden. In den folgenden Tätigkeiten wurde die Annahme getroffen, dass die Voraussetzungen erfüllt sind und sich für eine RPA-Implementierung eignen. Untersucht werden die Prozesse aus Tabelle 1 in Kapitel 2.4.

5.1 Purchase to Pay

Der Purchase to Pay Prozess (P2P), in Abbildung 8 dargestellt, beginnt mit der Erstellung einer Bestellung und endet mit dem Zahlungsausgang.[132] Für die Bestellschreibung ist die Einkaufsabteilung zuständig, die aufgrund eines Bedarfs die Bestellung auslöst. Im nächsten Schritt geht die Lieferung ein und wird geprüft. Um den Wareneingang festzuhalten, wird eine Wareneingangserfassung im ERP-System vorgenommen. Anschließend erstellt der Lieferant die Rechnung und versendet diese. Nachdem die Rechnung eingegangen ist, wird sie gesichtet, nach § 14 UStG geprüft sowie kontiert und gebucht. Sobald die vereinbarte Zahlungsfrist erreicht ist, erfolgt die Zahlungsabwicklung. Dabei wird die offene Verbindlichkeit beglichen und im ERP-System ausgeglichen. Im P2P-Prozess sind die Einkaufsabteilung sowie die Kreditorenbuchhaltung involviert. Wie die Prozessbeschreibung zeigt, enthält der Prozess mehrere Tätigkeiten, die manuell durchgeführt werden, eine hohe Routine aufweisen und einige Potenziale für RPA besitzen.

---

[131] Vgl. Deloitte (2017b), S. 16
[132] Vgl. Pfitzmayer (2005), S. 154

Anwendungsbereiche im Shared Service Center

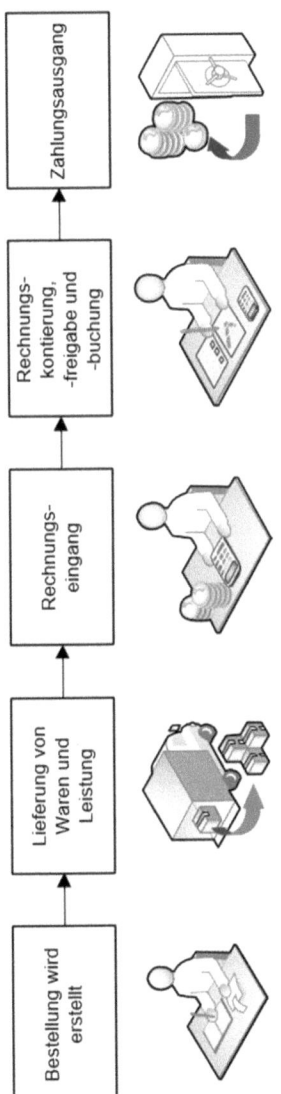

Abbildung 8: Purchase to Pay Prozess
Quelle: Eigene Darstellung

5.1.1 Bestellanlage

Generell bietet die Einkaufsabteilung ein hohes Maß an routinierten Tätigkeiten. Dazu zählt die Anlage von Bestellungen im ERP-System, die auf Basis der Bestellanforderung (BANF) getätigt werden.[133] Um eine Bestellanlage durchzuführen, müssen die Mitarbeiter händische Eingaben vornehmen. Neben dem Kreditor, der Auftragsnummer bzw. Kostenstelle, werden Angaben zur bestellten Ware eingetragen. Zusätzlich müssen Angaben über das bestellte Material, die Bestellmenge sowie der vereinbarte Preis festgehalten werden.[134] Aufgrund der vielen Eingabefelder können Fehler bei der Bestellanlage entstehen. Diese könnten mit dem Einsatz von RPA minimiert und automatisiert werden. Da die BANF die Basis der Bestellanlage bildet, können die notwendigen Informationen aus der BANF kopiert und in der Bestellung eingetragen werden.

Der Roboter kann jedoch nur für Sachverhalte eingesetzt werden, bei denen es keine Abweichungen zwischen BANF und Bestellung gibt.[135] Wird bspw. nach der Erstellung der BANF ein neuer Preis verhandelt, muss dieser durch menschliches Eingreifen korrigiert werden. Zudem kann mittels RPA die Bestellung an den Lieferanten per E-Mail versendet werden. Verfügt der Lieferant über eine EDI-Schnittstelle, besteht die Möglichkeit, die Bestellinformationen darüber auszutauschen.[136]

5.1.2 Preisvergleiche

Um die Einkaufspreise möglichst niedrig zu halten, sind regelmäßige Preisvergleiche notwendig, die jedoch einen bestimmten Zeitaufwand benötigen. Der Mitarbeiter sucht in unterschiedlichen Portalen nach den Preisen der jeweiligen Produkte und führt anschließend einen Vergleich durch. Da diese Vorgehensweise eine gleichbleibende Struktur besitzt, bietet sich die Möglichkeit an, einen Roboter einzusetzen.[137] Der Roboter benötigt eine Übersicht der zu vergleichenden Produkte sowie eine Auflistung der Portale. Anhand der European Article Number (EAN) kann der Roboter die Suche in den unterschiedlichen Portalen starten. Mit der kombinierten Anwendung von RPA und einer OCR-Software, können die Preise

---

[133] Vgl. Deloitte (2017a), S. 7
[134] Vgl. Bosse (2017)
[135] Vgl. Neitzel (2017)
[136] Vgl. Deloitte (2017a), S. 7
[137] Vgl. Neitzel (2017)

ausgelesen und die Ergebnisse in einer Liste festgehalten werden.[138] Anhand der erstellten Übersicht kann der Roboter den optimalen Preis auswählen und dem Mitarbeiter der Einkaufsabteilung mitteilen.

5.1.3 Rechnungsbearbeitung

Die Rechnungsprüfung sowie -bearbeitung stellt bei SSC häufig einen Engpass dar und bietet gleichzeitig ein Potenzial für eine Automatisierung durch RPA.[139] Jede Eingangsrechnung muss gemäß den Angaben von §14 UStG geprüft werden. Die Vorgaben besagen, dass bspw. auf einer Eingangsrechnung das Rechnungsdatum, die fortlaufende Rechnungsnummer sowie die Steuer, ausgewiesen werden müssen. Die Aufgabe des Rechnungsprüfers besteht aus der Kontrolle der Rechnungsangaben sowie der Kontierung. Bei der Rechnungskontierung werden die Rechnungssumme, der Steuerbetrag sowie das Sachkonto und die Auftragsnummer im ERP-System eingetragen.

Da in einem SSC die Rechnungen zentral bearbeitet werden, geht täglich ein hohes Volumen an Eingangsrechnungen ein. Es gilt, diese zeitnah und vor allem fristgerecht zu bearbeiten. Der Roboter kann eine Unterstützung bei wiederkehrenden Rechnungen sein, indem er die Rechnungsprüfung gemäß §14 UStG übernimmt.[140] Zusätzlich kann der Roboter anhand der berechneten Ware eine Zuordnung des Sachkontos vornehmen und die Auftragsnummer bei der Kontierung eintragen. Ein einfaches Beispiel ist die Kontierung von Telefonrechnungen. Anhand des Lieferanten für Telekommunikationsdienstleistungen kann der Roboter erkennen, dass die Telefongebühren abgerechnet werden und das entsprechende Sachkonto bei der Buchung angeben. Dieses Anwendungsbeispiel kann auf jegliche Geschäftsvorfälle angewendet werden, bei denen eine eindeutige Zuordnung anhand des Lieferanten und des Sachkontos vorgenommen werden kann.

Im nächsten Schritt kann die Rechnung per Workflow zur Freigabe gesendet werden. All diese Tätigkeiten sind regelbasiert und können in einem definierten Schema bearbeitet werden. Allerdings kann es zu Schwierigkeiten führen, wenn sich das Rechnungslayout ändert. Aus diesem Grund ist es zu empfehlen, dies nach einem Standard abzubilden. Mit EDI-Schnittstellen können Rechnungen elektronisch zwischen den Unternehmen ausgetauscht werden. Dabei werden

---

[138] Vgl. Gebhardt (2018)
[139] Vgl. Wullenkord/Kiefer/Sure (2005), S. 86
[140] Vgl. Suska/Weuster (2019), S. 40

Rechnungsinhalte in einer Art Code verschlüsselt, die mit einem EDI-Konverter vom Rechnungsempfänger entschlüsselt werden können. Der Vorteil hierbei liegt in der standardisierten Struktur, die für RPA notwendig ist.

5.1.4 Nutzen für Purchase to Pay

Durch die Anwendung von RPA im P2P-Bereich lassen sich mehrere Aufgaben automatisieren. Der Mehrwert für ein SSC liegt vor allem bei der Bestellanlage und der Rechnungsprüfung sowie -bearbeitung, da hierbei nicht nur Prozesskosten reduziert, sondern auch die Durchlaufzeiten deutlich verbessert werden können. Durch eine zeitnahe Rechnungsbearbeitung können die Rechnungen fristgerecht bezahlt werden. Falls Zahlungsbedingungen mit Skontoabzügen vereinbart werden, können diese ebenfalls fristgerecht realisiert werden. Zudem kann das SSC aufgrund der regelmäßigen Preisvergleiche eine optimale Auswahl der Lieferanten vornehmen und somit kostengünstig einkaufen. Des Weiteren werden in allen Anwendungsgebieten menschliche Fehler eliminiert und die Automatisierungsrate erhöht.

5.2 Order to Cash

Der Order to Cash (O2C) Prozess (Abbildung 9) beginnt mit der Anfrage eines potenziellen Kunden und wird mit der Begleichung der offenen Forderung abgeschlossen.[141] Anhand der Anfrage wird ein Angebot erstellt und dem potenziellen Kunden übermittelt. Da die Anfrage unverbindlich ist, kann das Angebot angenommen oder abgelehnt werden. Falls der Kunde das Angebot annimmt, wird von ihm eine Bestellung erzeugt. Anschließend erfolgt die Auslieferung der bestellten Ware. Es wird die Ausgangsrechnung erstellt und an den Kunden übermittelt. Sobald das vereinbarte Zahlungsziel erreicht wird, begleicht der Kunde im Optimalfall die offene Forderung. Anhand des Zahlungseingangs kann die offene Forderung ausgeglichen werden. Falls der Kunde nicht bezahlt wird eine Mahnung erstellt. In einem SSC wird im O2C-Prozess die Pflege der Debitorenkonten, die Erstellung von Ausgangsrechnungen und Mahnungen sowie die Verarbeitung von Zahlungseingängen durchgeführt.[142] Da diese Tätigkeiten einen hohen administrativen Aufwand darstellen, können Optimierungen mit dem Einsatz von RPA erreicht werden.

---

[141] Vgl. Liegl (2018)
[142] Vgl. Krüger/Danner (2004), S. 219

Anwendungsbereiche im Shared Service Center

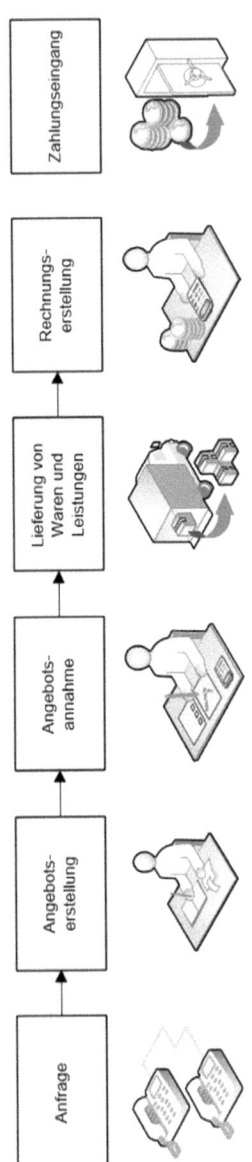

Abbildung 9: Order to Cash Prozess
Quelle: Eigene Darstellung

5.2.1 Angebotserstellung

Die Bearbeitung von Kundenanfragen zählt zum Tagesgeschäft der Debitorenabteilung eines SSC. Aufgrund der eingegangenen Anfrage wird ein Angebot erstellt. Das Angebot ist rechtlich bindend und stellt die Grundlage des Vertrages dar. Aus diesem Grund ist die fehlerfreie Angebotserstellung von hoher Bedeutung. Im Angebot wird dem potenziellen Kunden die Menge und der Preis der angefragten Waren mitgeteilt. Zudem werden Angaben über die Zahlungs- und Lieferbedingungen schriftlich festgehalten. Die Angebotserstellung basiert auf vorgegebenen Konditionen. Jedoch bindet die Angebotserstellung einige Ressourcen. In dieser Routinetätigkeit steckt ein hohes Potenzial für RPA.[143] Sobald eine Anfrage eingeht, kann der Roboter ein passendes Angebot erstellen. Optimal wäre ein Online-Formular, in dem der potenzielle Kunde alle notwendigen Angaben für eine Angebotserstellung einträgt. Dadurch enthält der Roboter die Anfrage in strukturierter Datenform und kann ein passendes Angebot erstellen. Die Bestandsprüfung für den angefragten Artikel sowie die Abfrage der Preise aus dem ERP-System können problemlos vom Roboter durchgeführt werden Nachdem er alle notwendigen Informationen gesammelt hat, kann er das Angebot erstellen und dem potenziellen Kunden per E-Mail zusenden.

5.2.2 Rechnungserstellung

Bei der Rechnungserstellung werden die erbrachten Leistungen bzw. die gelieferten Waren abgerechnet. Dazu gibt es in § 14 UStG einige Angaben, die bei der Rechnungserstellung berücksichtigt werden müssen. Fehlen die Pflichtangaben auf einer Rechnung kann dies steuerrechtliche Folgen haben. Neben der vollständigen Angabe des leistenden Unternehmens ist die korrekte Angabe des Leistungsempfängers notwendig. Zudem muss entweder die Steuernummer oder die Umsatzsteuer-Identifikationsnummer angegeben sein. Jede Rechnung benötigt ein Ausstellungsdatum und eine Rechnungsnummer, die fortlaufend sein muss. Abschließend ist die Angabe über die Menge, Preis und Art der Leistung unverzichtbar. Jede Rechnung wird in einem standardisierten Rechnungslayout erstellt und bietet daher eine Struktur. Der Prozess eignet sich aufgrund seiner hohen Wiederholbarkeit und der strukturierten Daten für RPA.[144] Für den Roboter sind alle notwendigen Daten im zuvor erstellten Angebot und im ERP-System vorhanden und er kann auf

---

[143] Vgl. Safar o. J.
[144] Vgl. UiPath (2019)

Basis der Daten, die Rechnungserstellung vornehmen.[145] Falls eine E-Mailadresse in den Debitorenstammdaten hinterlegt ist, kann er die Ausgangsrechnung als PDF-Datei an den Kunden versenden.

5.2.3 Zahlungseingänge

Nachdem die Rechnung an den Kunden versendet und das vereinbarte Zahlungsziel erreicht wurde, wird im Optimalfall die offene Forderung vom Kunden beglichen. Es gibt unterschiedliche Zahlungswege, die im Hinblick auf eine Automatisierung unterschieden werden müssen. Zum einen können Zahlungen bar getätigt werden, zum anderen gibt es elektronische Zahlungsmöglichkeiten, wie bspw. Überweisungen und Lastschriften. Für eine Bearbeitung mittels RPA eignen sich Barzahlungen nicht, da der Roboter nur elektronische Daten verarbeiten kann. Allerdings eignen sich alle bargeldlosen Zahlungseingänge, die auf elektronischem Weg eingehen, für einen Robotereinsatz.

Jeder Zahlungseingang wird manuell vom Mitarbeiter geprüft und anhand der Informationen im Überweisungstext, der offenen Forderung zugeordnet. Stimmen die Daten überein, kann der Ausgleich vorgenommen werden. Die gleichen Schritte kann der Roboter übernehmen.[146] Anhand der im Zahlungseingang verwendeten Bankverbindung, kann er eine Zuordnung des Debitors vornehmen und sich das Debitorenkonto mit der offenen Forderung anschauen. Der Betrag und der Überweisungstext helfen den richtigen Posten zu finden. Dazu muss im Überweisungstext bspw. die Rechnungsnummer angegeben werden. Schwierig wird es, wenn mit einer Zahlung mehrere Rechnungen bezahlt werden oder unvorhersehbare Rechnungsdifferenzen entstanden sind. Diese müssen weiterhin vom Mitarbeiter bearbeitet werden.

5.2.4 Nutzen für Order to Cash

Im O2C-Prozess bieten sich ebenfalls einige Möglichkeiten für eine Optimierung mit RPA. Anhand der aufgezeigten Beispiele können die Fehler eliminiert und die damit verbundene Prozessqualität erhöht werden. Zudem lassen sich die Prozesse in einer deutlich schnelleren Geschwindigkeit bearbeiten, was besonders bei der Angebotserstellung einen positiven Einfluss auf die Kundenzufriedenheit bewirkt.

---

[145] Vgl. Safar, o. J.
[146] Vgl. Scheer (2017b), S. 7

Die Erhöhung der Automatisierung lässt zudem eine Reduzierung der Personalkosten zu.

5.3 Payroll

Der Bereich des Personalwesens besitzt einige administrative Prozesse, die mit einer robotergestützten Prozessautomatisierung durchgeführt werden können. Mögliche Anwendungsbereiche stellen die Pflege der Personalstammdaten, die monatliche Ausführung der Lohn- und Gehaltsabrechnungen inklusive der Erfassung von Arbeitszeiten und die Reisekostenabrechnung dar.[147] Wie der Roboter eine Unterstützung leisten kann, wird in den nächsten Unterkapiteln erklärt. In Abbildung 10 ist der Prozess der Personalabrechnung dargestellt.

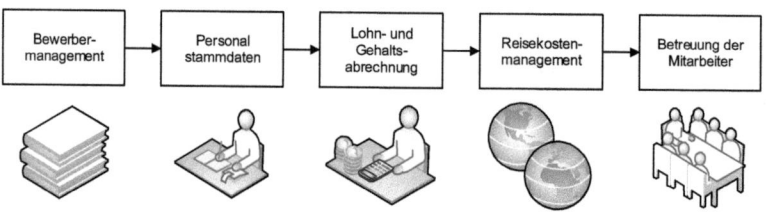

Abbildung 10: Payroll Prozess
Quelle: Eigene Darstellung

5.3.1 Personalstammdaten

Für jeden Mitarbeiter werden im ERP-System Personalstammdaten angelegt. Neben den allgemeinen Daten wie Name, Anschrift und Bankverbindung werden Informationen zur Lohnsteuerklasse, gesetzliche Krankenkassen und Rentenversicherungsnummer gepflegt. Die Personalstammdaten sind die Basis für jegliche Prozesse im HR-Bereich. Allerdings bringt die Pflege der Personalstammdaten einen manuellen Aufwand mit sich. Zudem müssen in manchen Fällen die Daten vom ERP-System in weitere Subsysteme übertragen werden. Bei diesen Tätigkeiten kann der Roboter eine Unterstützung bieten.[148] Im Idealfall gibt der Bewerber bereits in einem Rekrutierungssystem die Stammdaten ein. Diese können anschließend vom Roboter in das ERP-System übertragen werden. Somit kann RPA die Anlage von Personenkonten übernehmen. Des Weiteren müssen die Personal-

---

[147] Vgl. Deloitte (2016), S. 2
[148] Vgl. Hansen (2017)

stammdaten aktuell gehalten werden. Dafür haben viele Unternehmen bereits eine Self-Service-Technologie im Einsatz über welche die Mitarbeiter ihre personellen Daten aktualisieren können. Die Beantragung einer Stammdatenänderung erfolgt über das Portal per Ticket. Ähnliche Systeme sind für IT-Probleme in Unternehmen eingesetzt. Sobald sich personelle Daten ändern, können Kettenreaktionen ausgelöst werden. Ändert sich bspw. die Abteilung des Mitarbeiters, so muss die Kostenstelle angepasst werden und die Zugriffsrechte. In dem Fall, dass ein neuer Mitarbeiter in das Unternehmen eintritt, kann der Roboter die notwendige IT-Hardware bestellen, das Benutzerkonto anfordern und die Zugriffsrechte anlegen lassen. Aufgrund der definierbaren Regelwerke können in der Personalstammdatenverwaltung einige Prozesse automatisiert abgewickelt werden.

5.3.2 Reisekosten

Oftmals sind Reisen aus geschäftlichen Gründen nicht vermeidbar. Je nach Tätigkeitsgebiet sind häufige Reisen erforderlich. Besonders Mitarbeiter, die im Außendienst tätig sind, müssen eine hohe Reisebereitschaft mitbringen. Jegliche Kosten, die während den Reisen aus betrieblichen Veranlassungen entstehen, werden vom Unternehmen beglichen. Diese umfassen die Kosten für Fahrten, Übernachtungen sowie die Verpflegung. Während der Reise sammelt der Mitarbeiter die Belege über die entstandenen Kosten und reicht sie anschließend bei der Personalabrechnung ein. Die Aufgabe des Mitarbeiters besteht nun aus der Prüfung der eingereichten Belege gemäß dem Bundesreisekostengesetz (BRKG) und der betrieblichen Reiserichtlinien. Nachdem die Prüfung erfolgreich abgeschlossen wurde, werden die Reiseauslagen dem Mitarbeiter überwiesen.

Für diesen Vorgang kann der Roboter eingesetzt werden. Nachdem die Belege bei der Personalabrechnung eingereicht werden, können die Inhalte über eine OCR-Software ausgelesen werden und anschließend vom digitalen Mitarbeiter analysiert werden. Dabei sind ihm die Kriterien des BRKG sowie der Reiserichtlinien bekannt.[149] Anschließend kann die Buchung der Belege vorgenommen werden sowie die Veranlassung der Überweisung an den Mitarbeiter. Falls die Reise im ERP-System geplant wurde und keine Belege eingereicht wurden, kann der Roboter eine Erinnerung an den Mitarbeiter senden.[150]

---

[149] Vgl. Scheer (2017a), S. 33
[150] Vgl. Scheer (2017a), S. 34

5.3.3 Lohn- und Gehaltsabrechnung

Besonders die Personalabrechnung ist ein wichtiger Prozess, da es hierbei um das Einkommen der Mitarbeiter geht. Monatlich müssen die Lohn- und Gehaltsabrechnungen pünktlich durchgeführt werden. Die Basis der Lohn- und Gehaltsabrechnungen bieten die geleisteten Stunden. Viele Unternehmen haben für die Zeiterfassung ein Terminal im Einsatz, bei dem mit einer Stechkarte die Arbeitszeit erfasst wird. Die Terminals besitzen meist eine direkte Anbindung an das ERP-System und übertragen die Zeiten. Für Unternehmen, die keine moderne Anbindung an ERP-Systeme besitzen, kann RPA eine große Unterstützung bieten, da der Roboter mit dem Einsatz einer OCR-Software die Zeiterfassung aus den Arbeitszeitnachweisen erkennen kann.[151] Eine optimal trainierte OCR-Software kann sogar handschriftliche Angaben lesen. Nachdem die Zeiten im ERP-System gebucht wurden, kann die Lohn- und Gehaltsabrechnung vorgenommen werden. Dafür werden bspw. Informationen zur jeweiligen Lohn- und Gehaltsklasse, Lohnsteuer sowie Krankenversicherung benötigt. Diese Informationen erhält der Roboter anhand der Personalstammdaten im ERP-System. RPA ist es somit möglich, den Abrechnungsprozess automatisiert durchzuführen und die Entgeltzahlung an die Mitarbeiter auszulösen.

5.3.4 Nutzen für Payroll

Anhand der genannten Anwendungsbeispiele wird deutlich, dass im Personalwesen einige Potenziale für eine robotergesteuerte Prozessautomatisierung vorhanden sind. Durch die automatisierte Pflege der Personalstammdaten erhalten die Unternehmen einen stetig aktuellen Stand der Daten. Bei der Reisekostenprüfung entstehen keine Leichtigkeitsfehler und die Mitarbeiter bekommen eine zeitnahe Rückerstattung der Reiseauslagen. Die Lohn- und Gehaltsabrechnung kann pünktlich ausgeführt werden und auch bei diesem Prozess werden Fehler eliminiert. Zusätzlich steigt die Zufriedenheit der Mitarbeiter, da das Einkommen konstant eingeht.

---

[151] Vgl. UiPath (2019)

5.4 Budget to report

Zum Budget to Report Prozess (B2R) zählen alle Tätigkeiten, die im Bereich der Hauptbuchhaltung sowie dem Reporting anfallen (Abbildung 11).[152] Die Hauptbuchhaltung ist für die Periodenabschlüsse wie den Monatsabschluss zuständig. Dafür wird die Bilanz erstellt, die Gewinn- und Verlustrechnung durchgeführt sowie der Cash-Flow ermittelt. Zusätzlich wird von den Hauptbuchhaltern die Steuererklärung erstellt und die Umsatzsteuer an das Finanzamt gemeldet. Im Reporting wird das interne und externe Meldewesen verwaltet. Dazu zählen Analysen, Statistiken und Meldungen für das statistische Bundesamt. Ein weiterer Bereich ist die Planung und Hochrechnung. Anhand von Prognosen werden zukünftige Geschäftsentwicklungen geplant.[153] Das Reporting umfasst zahlreiche Berichte, die regelmäßig und nach dem gleichen Regelwerk durchgeführt werden. Somit kann auch in diesem Bereich der Roboter einige Tätigkeiten übernehmen.

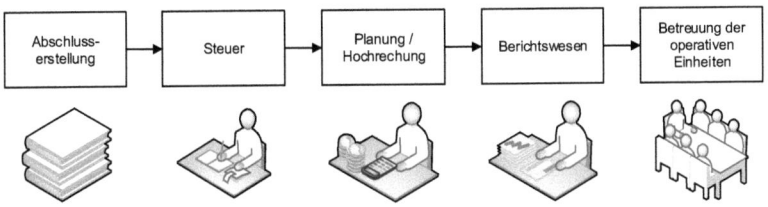

Abbildung 11: Budget to Report Prozess
Quelle: Eigene Darstellung

5.4.1 Berichtswesen und Kennzahlenreporting

Im Finanzwesen ist der Informationsbedarf sehr hoch, da alle Unternehmensebenen über aktuelle Informationen zu Unternehmensentwicklungen versorgt werden müssen.[154] Dementsprechend spielen Berichte und Kennzahlen eine große Rolle. Die Ermittlung und Analyse bildet die Haupttätigkeit des Reportings. Dabei nimmt die Erstellung der Berichte und Kennzahlen viel Zeit in Anspruch. Besonders die langen Ladezeiten, die aufgrund des hohen Datenvolumens entstehen, rauben den

---

[152] Vgl. Pfitzmayer (2005), S. 154
[153] Vgl. Krüger/Danner (2004), S. 219
[154] Vgl. Isensee/Reuschenbach (2018), S. 5

Mitarbeitern produktive Zeit. Jeden Monat werden die gleichen Reporte im ERP-System gestartet. Anschließend erfolgt in einigen Fällen eine zusätzliche Berechnung im Tabellenkalkulationsprogramm. Dabei handelt es sich um einen gleichbleibenden Ermittlungsweg, der vom Mitarbeiter regelmäßig ausgeführt wird. Zuletzt werden die Berichte und Kennzahlen an das Management gemeldet. Für diese Tätigkeiten bietet sich der Einsatz von RPA an.[155] Anhand definierter Parameter und Terminen startet der Roboter die Berichte, wartet bis diese geladen sind und legt die Ergebnisse auf dem entsprechenden Laufwerk ab. Die Berechnungen können vom Roboter ebenfalls durchgeführt werden, solange diese einem eindeutigen Schema entsprechen. Ad-hoc-Auswertungen sowie spezielle Analysen bringen den Roboter an seine Grenzen, da kein Regelwerk für die Vorgehensweise besteht.[156] Aus diesem Grund ist für solche Fälle der Robotereinsatz nicht geeignet. Da die meisten Berichte nach einem Standard ausgeführt werden, kann der Mitarbeiter trotzdem entlastet werden und seinen Fokus auf die Ergebnisanalysen richten.

5.4.2 Abweichungsanalyse

Im Rahmen der Abweichungsanalyse werden Kostenabweichungen analysiert. Dafür wird eine Differenz zwischen den Plan- und Istwerten ermittelt.[157] Diese Analyse ist für die wirtschaftliche Überprüfung der Unternehmensentwicklung notwendig. Führt das Ergebnis zu Abweichungen, können Fehler aus der vorherigen Hochrechnung aufgedeckt werden. Anschließend wird eine Ursachenanalyse vorgenommen, die weitere Abweichungen in den nächsten Perioden vermeiden soll. Bei der Ermittlung der Kostenabweichungen kann der Roboter den Controller unterstützen. Dazu vergleicht der Roboter die Werte aus der Planung und die tatsächlichen Ergebnisse der aktuellen Periode. Anhand von Toleranzgrenzen können Abweichungen definiert werden. Diese können vom Roboter hervorgehoben und dem Controller für die Ursachenanalyse bereitgestellt werden. Bei der Ursachenfindung handelt es sich um eine komplexere Tätigkeit, bei der eine weiterhin manuelle Ausführung sinnvoll ist.

---

[155] Vgl. Deloitte (2017a), S. 8
[156] Vgl. Svatopluk et al. (2018), S. 16
[157] Vgl. Fischer et al. (2017), S. 70

5.4.3 Bargeschäfte

Bei Bargeschäften handelt es sich um Rechtsgeschäfte, die mit einer Barzahlung abgewickelt werden. Die Besonderheit der SSC-Organisation macht die Abwicklung von Bargeschäften und deren buchhalterischen Auswirkungen problematisch und aufwendig. Da Bargeschäfte in den Einheiten vor Ort abgewickelt werden und die Buchung im SSC erfolgt, müssen die Informationen an das SSC übermittelt werden. Dazu ist es ratsam, dass die operativen Einheiten eine Übersicht der getätigten Bargeschäfte, bspw. in einer Tabellenkalkulation, führen. Für die Erfassung im ERP-System werden sämtliche allgemeingültigen Angaben einer Buchung wie bspw. Sachkonto, Belegdatum, Debitoren- bzw. Kreditorennummer und Auftragsnummer benötigt. Diese Angaben müssen in der Tabelle eingetragen werden. Zum Monatsabschluss wird anhand der Tabelle ein Upload erstellt und die Buchungen im ERP-System durchgeführt. Da der Hauptbuchhalter lediglich die Tabelle öffnen und im ERP-System hochladen muss, kann diese Tätigkeit vom Roboter durchgeführt werden.

5.4.4 Nutzen für Budget to Report

Der Budget to Report Prozess besitzt wenige transaktionale Tätigkeiten und hat folglich eine höhere Komplexität als die Prozesse der Nebenbuchhaltungen. Dies hat zur Folge, dass mit RPA nur eine geringe Anzahl von Aufgaben automatisiert werden können. Aufgrund der vielen Analysetätigkeiten wird die Intelligenz der Mitarbeiter benötigt, weshalb die Aufgaben noch nicht von einem Roboter ausgeführt werden können. Der größte Nutzen wird im Reporting erreicht, da sich die Controller, durch den Wegfall der Erstellung von Berichten und Kennzahlen, auf die wertschöpfenden Analysetätigkeiten fokussieren können.[158]

---

[158] Vgl. Pepper (2018), S. 26

6 Fazit

Im letzten Abschnitt der vorliegenden Bachelorarbeit werden die wichtigsten und aussagekräftigsten Resultate zusammenfassend dargestellt. Es sollen die Forschungsfragen beantwortet werden und ein Ausblick auf zukünftige Forschungen im Bereich Softwareroboter erfolgen.

6.1 Resümee der Arbeit

RPA stellt eine robotergesteuerte Prozessautomatisierung von Geschäftsprozessen dar und hat eine große Bedeutung in Unternehmen eingenommen. Aufgrund der flexiblen Möglichkeiten zur Prozessautomatisierung können Unternehmen dem herrschenden Wettbewerbsdruck, sowie dem daraus resultierenden Kostendruck entgegenwirken und ihre Geschäftsprozesse effizienter gestalten. Zudem wirkt sich der Mangel an Fachkräften negativ auf den Unternehmenserfolg aus und stellt Unternehmen vor eine Herausforderung.

Mit dem Einsatz von RPA bieten sich innovative Möglichkeiten, um Tätigkeiten kosteneffizienter zu gestalten. Insbesondere SSC besitzen aufgrund ihrer speziellen Organisationsform ein hohes Potenzial für den Einsatz von RPA. Die SSC-Prozesse sind standardisiert, strukturiert und repetitiv. Zudem wird ein hohes Transaktionsvolumen, aufgrund der Zentralisierung und Bündelung des Rechnungswesens, bewältigt.

Es können repetitive Tätigkeiten automatisiert werden, die bestimmte Kriterien erfüllen. Um die Einsatzmöglichkeiten in einem SSC ausfindig zu machen, eignet sich die Anwendung eines Kriterienkatalogs. Wie die vorliegende Bachelorarbeit zeigt, besitzt das SSC eine Vielzahl von manuellen Tätigkeiten, die den Voraussetzungen von RPA entsprechen. Allerdings können in dieser Arbeit nur Anwendungsbeispiele aufgezeigt werden, weshalb eine individuelle Prüfung vor jedem Einsatz in einem SSC unumgänglich ist. Letztendlich kann RPA jedoch in jedem SSC einen Mehrwert bieten, da Prozesskosten reduziert und die Qualität der Prozessausführung erhöht wird. Zusätzlich werden menschliche Fehler eliminiert und die Automatisierung von nicht wertschöpfenden Tätigkeiten ermöglicht eine Fokussierung auf relevante Tätigkeiten.

6.2 Beantwortung der Forschungsfragen

FF1: Weshalb ist der Einsatz von Softwarerobotern sinnvoll und welche Vorteile können gegenüber der manuellen Prozessabwicklung realisiert werden?

Anhand der zahlreichen Gründe, die für einen RPA-Einsatz sprechen, lässt sich feststellen, dass die Anwendung in Unternehmen eine Sinnhaftigkeit besitzt. In Kapitel 3.2 wurden die Vorteile erörtert und detailliert dargestellt. Zusammenfassend ist eine positive Wirkung durch den Einsatz von RPA auf die Faktoren Kosten, Qualität sowie Zeit zu erkennen.

Der Roboter übernimmt Tätigkeiten, die im Vorfeld von menschlichen Mitarbeitern ausgeführt wurden. Durch deren Automatisierung können Prozesskosten sowie Personalaufwendungen reduziert werden. Eine Softwarelizenz ist i. d. R. günstiger, als gegengerechnete Personalkosten. Ein Roboter kann die Tätigkeiten von bis zu drei Vollzeitäquivalenten übernehmen. Umso höher das Transaktionsvolumen ist, desto wirtschaftlicher wird der Robotereinsatz. Sobald die Einsparungen die Lizenz- und Implementierungskosten übersteigen, lohnt sich der Einsatz gegenüber einer manuellen Prozessabwicklung.

Außerdem werden Fehler vermieden und die Prozesse in einer stabilen Qualität ausgeführt. Während menschliche Mitarbeiter eine Fehlerquelle aufgrund falscher Eingaben aufweisen, können diese mit RPA vollständig eliminiert werden. Der Roboter führt die Prozesse präzise nach den programmierten Vorgaben aus. Dabei entstehen trotz einer hohen Wiederholungsanzahl keine Flüchtigkeitsfehler, die einem menschlichen Mitarbeiter unterlaufen können.

Des Weiteren hat der Roboter einen positiven Einfluss auf die Durchlaufzeiten. Da der Roboter jeden Tag rund um die Uhr einsatzfähig ist und die Aufgaben schneller durchführt, können Durchlaufzeiten reduziert werden.

FF2: Welche Kriterien sind bei einem Robotereinsatz zu berücksichtigen?

Bevor der Roboter implementiert wird, muss eine Überprüfung der Prozesseigenschaften erfolgen. Anhand eines Kriterienkatalogs wurde in Kapitel 4.1 dargestellt, welche Merkmale für den RPA-Einsatz von Vorteil sind. Der Kriterienkatalog bildet die Entscheidungsgrundlage für die Implementierung. Es ist von wesentlicher Bedeutung, dass die Datengrundlage sowie die Prozesseigenschaften größtenteils mit den Anforderungen übereinstimmen. Allerdings muss ein geeigneter Prozess nicht jedes einzelne Kriterium vollständig erfüllen. Die Kriterien stellen eine Hilfestellung für die Prozessauswahl dar. Letztendlich lässt sich sagen, umso mehr Kriterien erfüllt werden, desto geeigneter ist der Prozess für den Einsatz von RPA und damit lässt sich damit einfacherer automatisieren.

Da RPA ein Softwareroboter ist, können lediglich digitale Daten verarbeitet werden. Zudem müssen die Daten in einer strukturierten Form dargestellt sein und aus Text bzw. Zahlen bestehen. Des Weiteren sind die Eigenschaften der Geschäftsprozesse relevant. Mit RPA können nur repetitive Tätigkeiten ausgeführt werden, die nach einem bestimmten Regelwerk darstellbar sind. Dabei ist zu beachten, dass der Roboter keine kognitiven Fähigkeiten besitzt und somit nicht aus bereits getätigten Aufgaben lernen kann. Aus diesem Grund müssen die Tätigkeiten eine geringe Komplexität besitzen. Unter ökonomischen Gesichtspunkten benötigt der Prozess ein hohes Volumen. Je höher die Wiederholungsanzahl, desto sinnvoller erweist sich die Automatisierung. Zudem soll die Auswahl auf etablierte Prozesse fallen, die keinen Änderungen ausgesetzt und stabil im Unternehmen verankert sind. Jede Änderung hat den Nachteil, dass der Roboter neu programmiert bzw. angepasst werden muss.

FF3: Welche Prozesse können in einem Shared Service Center mit Robotic Process Automation automatisiert werden und welcher Nutzen kann dadurch entstehen?

Zunächst lässt sich feststellen, dass der Grundgedanke einer SSC-Organisation durch die Potenziale von RPA unterstützt wird. Da in einem SSC das übergeordnete Ziel der Kostenreduzierung verfolgt wird, kann dies durch die Automation von Prozessen gefördert und Synergieeffekte geschaffen werden.

Alle Bereiche eines SSC besitzen nach wie vor administrative Tätigkeiten, die für eine Automatisierung mittel RPA in Frage kommen. Für die Auswahl der geeigneten Geschäftsprozesse ist es zu empfehlen, den erstellen Kriterienkatalog anzuwenden. Die Ergebnisse der vorliegenden Bachelorarbeit haben gezeigt, dass nahezu alle Geschäftsprozesse, die in einem SSC abgebildet werden, Möglichkeiten zur Automatisierung aufweisen. Jedoch können von der Autorin nur Anwendungsbeispiele aufgezeigt werden, da die Einsatzmöglichkeiten innerhalb einer SSC-Organisation stark abweichen können. Aus diesem Grund muss jedes SSC eine individuelle Bewertung ihrer Prozesse vornehmen. Der Reifegrad und die Digitalisierungsfortschritte sind von SSC zu SSC unterschiedlich und haben einen Einfluss auf die Automatisierungspotenziale.

Die Bereiche P2P, O2C und Payroll enthalten eine Vielzahl von transaktionsbasierten Tätigkeiten und weisen deshalb ein umfangreiches Anwendungsgebiet auf. Der B2R-Prozess wiederum besitzt eine höhere Komplexität und bietet deshalb nur wenige Anwendungsgebiete für RPA. Erst mit der Kombination von KI können auch in diesem Bereich weitere Prozesse automatisiert werden.

Letztendlich kann die Aussage getroffen werden, dass jedes SSC ihre Zukunfts- und Wettbewerbsfähigkeit durch die Automatisierung stärken, und einen Mehrwert in Bezug auf die Gesamteffizienz generieren kann.

6.3 Ausblick

Die derzeitigen Softwareroboter in Unternehmen besitzen keine kognitiven Fähigkeiten und agieren lediglich nach einem definierten Regelwerk. Im Forschungsgebiet der Künstlichen Intelligenz werden Fortschritte erwartet, die zu einem Paradigmenwechsel der Arbeitswelt führen wird. Derzeit beschäftigen sich RPA-Anbieter mit der Integration von KI. Dadurch wird sich RPA zu Intelligent Automation weiterentwickeln und weitere Potenziale zur Automatisierung von Geschäftsprozessen bieten. Aufgrund von lernenden Algorithmen wird es ihnen möglich sein, Handlungen mit unstrukturierten Daten abzuleiten. Dabei gibt der Roboter Fälle an den menschlichen Mitarbeiter ab, die von ihm noch nicht bewältigt werden können und lernt anhand dessen Vorgehensweise. Erhält der Roboter wieder einen ähnlichen Fall, kann er aufgrund der gelernten Informationen selbst agieren.

Schließlich werden sich Unternehmen weiterhin mit der Automation von Geschäftsprozessen beschäftigen, womit das langfristige Ziel der Vollautomatisierung verfolgt und einen starken Wandel in der administrativen Arbeitswelt bewirken wird.

Quellenverzeichnis

Agentbase AG (2018): RPA Robotic Process Automation. Kriterien zur erfolgreichen Einführung von robotergesteuerter Prozessautomatisierung. Agentbase AG. URL: https://www.agentbase.de/wps/wcm/connect/39901c5d-0cff-46bd-82cf-08cac05f1060/agentbase-RPA_Kriterien_zur_Prozessautomatisierung.pdf?MOD=AJPERES&CVID=mlmceOt. [Stand: 01.09.2019].

Allweyer, Thomas (2016): Robotic Process Automation – Neue Perspektiven für die Prozessautomatisierung. Hochschule Kaiserslautern. URL: https://www.kurze-prozesse.de/blog/wp-content/uploads/2016/11/Neue-Perspektiven-durch-Robotic-Process-Automation.pdf. [Stand: 01.09.2019].

Becker, Wolfgang/ Kunz, Christian/ Mayer, Benjamin (2009): Shared Service Center. Konzeption und Implementierung in internationalen Unternehmen. Stuttgart. Kohlhammer.

Bergeron, Bryan P. (2003): Essentials of shared services. Hoboken. John Wiley & Sons.

Bosse, Frederik (2017): SAP Bestellanforderung (BANF) – Wie es durchgängig digital funktioniert. D-velop blog. URL: https://www.d-velop.de/blog/prozesse-gestalten/sap-bestellanforderung-und-bestellung-wie-es-duerchgaengig-digital-funktioniert/. [Stand: 01.09.2019].

Bremmer, Manfred (2017): Kollege Roboter, übernehmen Sie. Robotic Process Automation. Computerwoche URL: https://www.computerwoche.de/a/kollege-roboter-uebernehmen-sie,3331269 [Stand: 01.09.2019].

Bremmer, Manfred (2018): Robotic Process Automation wird Mainstream. Gardner-Prognose. Computerwoche. URL: https://www.computerwoche.de/a/robotic-process-automation-wird-mainstream,3546145. [Stand: 01.09.2019].

Buxmann, Peter/ Schmidt, Holger (2019): Künstliche Intelligenz. Mit Algorithmen zum wirtschaftlichen Erfolg. Berlin. Springer Gabler.

Czarnecki, Christian/ Auth, Gunnar (2019): Prozessdigitalisierung durch Robotic Process Automation. In: Barton, Thomas/ Müller, Christian/ Seel, Christian (Hrsg.): Digitalisierung in Unternehmen. Von den theoretischen Ansätzen zur praktischen Umsetzung. Wiesbaden: Springer Fachmedien. S. 113-131.

Deckard, Mina (2018): Automating Finance & Accounting. How robotic process automation (RPA) will transform F&A. UiPath. URL: https://www.uipath.com/hubfs/Whitepapers/How%20RPA%20will%20Transform%20Finance%20and%20Accounting.pdf?utm_campaign=DG19FAB&utm_source=hs_automation&utm_medium=email&utm_content=70433492&_hsenc=p2ANqtz-_Gav7LOXweNdag_-0zsBvde9_SGsGkoRZiJ5tgJBplZFoLwn-lUBe8m0y_iuvc7kgx-jalhFw1bzQgJBIMYi-xy41HtpVdwcuFyBAUn-SULFV_xMBYE&_hsmi=70433492. [Stand: 01.09.2019].

Deloitte (2016): HR Robotics – Die Maschinen kommen. Die Nutzung von „smarten Helfern" in HR-Prozessen ist keine ferne Zukunftsmusik mehr. URL: https://www2.deloitte.com/content/dam/Deloitte/de/Documents/Innovation/HR_Robotics_12_2016.pdf. [Stand: 01.09.2019].

Deloitte (2017a): Die Roboter kommen. Die unsichtbare Revolution im Einkauf. Deloitte. URL: https://www2.deloitte.com/content/dam/Deloitte/de/Documents/operations/Deloitte-Robotics.pdf. [Stand: 01.09.2019].

Deloitte (2017b): Global Shared Services. 2017 Survey Report. URL: https://www2.deloitte.com/content/dam/Deloitte/us/Documents/process-and-operations/us-global-shared-services-report.pdf. [Stand: 01.09.2019].

Deloitte (2018): The robots are waiting. Are you ready to reap the benefits?. Deloitte. URL: https://www2.deloitte.com/content/dam/Deloitte/uk/Documents/consultancy/deloitte-uk-the-robots-are-waiting.pdf [Stand: 01.09.2019].

Deloitte (2019): State of AI in the Enterprise. Ergebnisse der Befragung von 100 AI-Experten in deutschen Unternehmen. Deloitte. URL: https://www.deloitte-mail.de/custloads/141631293/md_1563746.pdf?sc_src=email_3525389&sc_lid=1412 09738&sc_uid=TKKcHKtS2R&sc_llid=381 [Stand: 01.09.2019].

Ernst & Young (2017): Intelligent Automation. Reshaping the future of work with robots. Ernst & Young. URL: https://www.ey.com/Publication/vwLUAssets/EY_intelligent_automation/$FILE/EY-intelligent-automation.pdf. [Stand: 01.09.2019].

Expertenkommission Forschung und Innovation (2016): Gutachten zu Forschung, Innovation und technologischer Leistungsfähigkeit Deutschland 2016. EFI. URL: https://www.e-fi.de/fileadmin/Gutachten_2016/EFI_Gutachten_2016.pdf. [Stand: 01.09.2019].

Fischer, Thomas et al. (2015): Controlling: Grundlagen, Instrumente und Entwicklungsperspektiven. 2., überarb. Aufl. Stuttgart. Schäffer-Poeschel.

Gebhardt, Sara (2017): Robotic Process Automation: Den richtigen Prozess finden. Almato GmbH. URL: https://almato.de/news/blog/trend-details/robotic-process-automation-den-richtigen-prozess-finden/. [Stand: 01.09.2019].

Gebhardt, Sara (2018): Robotic Process Automation im Einkauf. Almato GmbH. URL: https://almato.de/news/blog/trend-details/robotic-process-automation-im-einkauf/. [Stand: 01.09.2019].

Genpact (2018): From robotic process automation to intelligent automation. Six best practices to delivering value throughout the automation journey. URL: https://www.genpact.com/downloadable-content/insight/the-evolution-from-robotic-process-automation-to-intelligent-automation.pdf. [Stand: 01.09.2019].

Hansen, Julia (2017): RPA Potential for HR Shared Service Center. Capgemini. URL: https://www.capgemini.com/de-de/2017/12/rpa-hr-shared-service-center/. [Stand: 01.09.2019].

Hermann, Kathrin/ Stoi, Roman/ Wolf, Björn (2018): Robotic Process Automation im Finance & Controlling der MANN + HUMMEL Gruppe. In: Controlling, Heft 3, S. 28-34.

Herrmann, Wolfgang (2017): Robotic Process Automation. Softwareroboter und KI treiben die Digitalisierung. Computerwoche Voice of Digital. URL: https://www.computerwoche.de/a/softwareroboter-und-ki-treiben-die-digitalisierung,3331671. [Stand: 01.09.2019].

Hollich, Franz/ Otter, Thomas/ Scheuermann, Hans-Dieter (2008): Shared services. Foundation, practice and outlook: a comparison study of shared service. München. Meidenbauer.

Institution For Robotic Process Automation (2015): Introduction to Robotic Process Automation: A Primer. URL: https://irpaai.com/wp-content/uploads/2015/05/Robotic-Process-Automation-June2015.pdf. [Stand: 01.09.2019].

Isensee, Johannes/ Reuschenbach, Daniel (2018): RPA im Controlling. Steigerung der Effizienz im Reporting durch Robotic Process Automation. Horváth & Partner GmbH. URL: https://www.horvath-partners.com/fileadmin/user_upload/WP_RPA_im_Controlling_web_g.pdf. [Stand: 01.09.2019].

Kagelmann, Uwe (2001): Shared Services als alternative Organisationsform. Am Beispiel der Finanzfunktion im multinationalen Konzern. Wiesbaden. Gabler.

Keuper, Frank/ Oecking, Christian (2008): Corporate shared services. Bereitstellung von Dienstleistungen im Konzern. 2. überarb. und erw. Aufl. Wiesbaden. Gabler.

King, Rob (2018): Digital workforce. Reduce costs and improve efficiency using robotic process automation. ohne Verlagsort: ohne Verlag.

Kroll, Christian/Bujak, Adam/Darius, Volker/Enders, Wolfgang/Esser, Marcus (2016): Robotic Process Automation - Robots conquer business processes in back offices. A 2016 study conducted by Capgemini Consulting and Capgemini Business Services. Capgemini Consulting. URL: https://www.capgemini.com/consulting-de/wp-content/uploads/sites/32/2017/08/robotic-process-automation-study.pdf. [Stand: 01.09.2019].

Krüger, Wilfried/ Danner, Marc (2004): Einsatz von Shared Service Centern für Finanzfunktionen. In: Controller Magazin. Heft 3. S. 215-220. URL: https://www.haufe.de/download/controller-magazin-ausgabe-32004-controller-magazin-139548.pdf. [Stand: 01.09.2019].

Lacity, Mary/ Willcocks, Leslie (2015): What Knowledge Workers Stand to Gain from Automation. Harvard Business Review. URL: https://hbr.org/2015/06/what-knowledge-workers-stand-to-gain-from-automation [Stand: 01.09.2019].

Lacity, Mary/ Willcocks, Leslie/ Craig, Andrew (2015): Robotic Process Automation at Telefónica O2. Paper 15/02. The Outsourcing Unit Working Research Paper Series. The London School of Economics and Political Science. URL: http://eprints.lse.ac.uk/64516/1/OUWRPS_15_02_published.pdf. [Stand: 01.09.2019].

Liegl, Philipp (2018): Was ist ein Order-to-Cash-Prozess? Der Order-to-Cash-Prozess. ecosio InterCom GmbH. URL: https://ecosio.com/de/blog/2018/07/20/Was-ist-ein-Order-to-Cash-Prozess/. [Stand: 01.09.2019].

Maifarth, Michael (2018): Robotic Process Automation (RPA) – Anwendbarkeit im Risikomanagement. PwC. URL: https://blogs.pwc.de/risk/rpa/anwendbarkeit-im-risikomanagement/1102/. [Stand: 01.09.2019].

Manutiu, Sven (2018): Digitalisierung im Controlling – Mehrwert durch Robotic Process Automation. In: Controller Magazin 30. Heft 3. S. 4 – 9.

Mauerer, Jürgen (2018): Der Markt wächst. Deshalb ist Robotic Process Automation so lukrativ. In: Com-Professional Magazin. URL: https://www.com-magazin.de/praxis/business-it/robotic-process-automation-so-lukrativ-1481927.html?page=5_der-markt-waechst. [Stand: 01.09.2019].

Mißler, Peter (2005): Shared Service Center im Rechnungswesen am Beispiel von Deutsche Post World Net. In: Controller Magazin. Heft 1. S. 38-41.

Murdoch, Richard (2018): Robotic Process Automation. Guide To Build Software Robots, Automate Repetitive Tasks & Become An RPA Consultant. o. V.

Neitzel, Dörte (2017): Robotics: 4 Beispiele für Automatisierung im Einkauf. Technik + Einkauf. URL: https://www.technik-einkauf.de/ratgeber/robotics-4-beispiele-fuer-automatisierung-im-einkauf/. [Stand: 01.09.2019].

Pepper, Ingo (2018): Effizienzsteigerungen im Controlling durch Robotic Process Automation. Eine Analyse am Beispiel des Monatsabschlussprozesses der Kathrein Automotive Gruppe. In: Controller Magazin 30. Heft 3. S. 20-27.

Pérez, Nuria Martín (2009): Service Center Organisation. Neue Formen der Steuerung von internen Dienstleistungen unter besonderer Berücksichtigung von Shared Services. Wiesbaden. Gabler.

Pfitzmayer, Karl-Heinz (2005): Prozessoptimierung im Rechnungswesen. Mit Re-Engineering Transaktions- und Abschlussprozesse optimieren. Wiesbaden. Gabler.

Reinmann, Andreas/ Möller, Klaus (2013): Shared Services für Controlling-Prozesse. Ergebnis einer empirischen Erhebung zu Status quo und Perspektiven. KPMG. URL: https://assets.kpmg/content/dam/kpmg/pdf/2013/09/shared-services-controllingprozesse-neu-2013-kpmg.pdf. [Stand: 01.09.2019].

Reuter, Robert (2019): Digitalisierung und Zentralisierung der Finanzorganisation – das Controlling als Teil der Finance Factory. In: GENIOS Wirtschafts-Wissen Nr. 05. URL: https://www.wiso-net.de/document/GWW_c_control_20190524. [Stand: 01.09.2019].

Roboyo GmbH (2018): RPA wird zu Intelligent Automation. URL: https://www.roboyo.de/2018/09/rpa-wird-zu-intelligent-automation/. [Stand: 01.09.2019].

Russell, Stuart/ Norvig, Peter (2012): Künstliche Intelligenz. Ein moderner Ansatz. 3., akt. Aufl. München. Pearson.

Safar, Milad (o. J.): 10 Geschäftsprozesse, die Sie mit RPA automatisieren können. Mögliche Anwendungsfelder für Robotic Process Automation – 10 Beispiele. Weissenberg Solution. https://weissenberg-solutions.de/10-typische-geschaeftsprozesse-die-sie-mit-rpa-automatisieren-koennen/. [Stand: 01.09.2019].

Schaefer, Gina (2016): The value of robotic process automation in shared services. Deloitte Development LLC. URL: https://www2.deloitte.com/content/dam/Deloitte/us/Documents/process-and-operations/us-sdt-gina-schaefer-ask-the-pro.pdf. [Stand: 01.09.2019].

Scheer, August-Wilhelm (2017a): Performancesteigerung durch Automatisierung von Geschäftsprozessen. Saarbrücken. AWS-Institute für digitale Produkte und Prozesse gGmbH. URL: https://www.aws-institut.de/wp-content/uploads/2017/09/170916_GPPerformance_44_300dpi_final_dop.pdf. [Stand: 01.09.2019].

Scheer, August-Wilhelm (2017b): Wie Unternehmen von Robotic Process Automation profitieren. Automate, Predict, Inspect, Assist, Optimize. Saarbrücken. AWS-Institute für digitale Produkte und Prozesse gGmbH. URL: https://www.aws-institut.de/wp-content/uploads/2017/09/2017.09.13_RPA-WorkingPaper_v10_final.pdf. [Stand: 01.09.2019].

Schulman, Donniel (1999): Shared services. Adding value to business units. New York. Wiley.

Siriu, Stefanie (2018): Compliance Regeln und Richtlinien im Unternehmen einführen. Haufe. URL: https://www.haufe.de/compliance/management-praxis/compliance-management-system-compliance-regeln-und-richtlinien_230130_444806.html. [Stand: 01.09.2019].

Smeets, Mario (2018): RPA- Die richtige Auswahl der Zielprozesse. Auswahl von RPA-Prozessen. Compterwoche. URL: https://www.computerwoche.de/a/rpa-die-richtige-auswahl-der-zielprozesse,3546224. [Stand: 01.09.2019].

Sterzenbach, Sven (2010): Shared Service Center-Controlling. Theoretische Ausgestaltung und empirische Befunde in deutschen Unternehmen. Frankfurt am Main. Peter Lang GmbH.

Suska, Michael/ Weuster, Arne (2019): Shared Services – Digitalise Your Services. PricewaterhouseCoopers GmbH. URL: https://www.pwc.de/de/prozessoptimierung/pwc-studie-shared-services.pdf. [Stand: 01.09.2019].

Svatopluk, Alexander/ Haisermann, Alexa/ Schabicki, Theodor/ Frank, Sophie (2018): Robotic Process Automation (RPA) im Rechnungswesen und Controlling – welche Chancen ergeben sich. In: Controller Magazin 30. Heft 3. S. 11-19.

Tivig, Thusnelda/ Henseke, Golo/ Neuhaus, Jens (2013): Berufe im Demografischen Wandel. Alterungstrends und Fachkräfteangebot. Bundesanstalt für Arbeitsschutz und Arbeitsmedizin. Dortmund. URL: http://www.inqa.de/SharedDocs/PDFs/DE/Publikationen/berufe-im-demografischen-wandel.pdf?__blob=publicationFile [Stand: 01.09.2019].

Tripathi, Alok Mani (2018): Learning robotic process automation. Create software robots and automate business processes with the leading RPA tool – UiPath. Birmingham. Packt Publishing.

UiPath (2019): RPA's impact on Finance & Accounting processes. Streamline your financial processes with an integrated RPA solution. UiPath. URL: https://www.uipath.com/solutions/process/finance-and-accounting-automation. [Stand: 01.09.2019].

Vahs, Dietmar (2015): Organisation. Ein Lehr- und Managementbuch. 9., überarb. und erw. Aufl. Stuttgart. Schäffer-Poeschel.

VANDA Group (2015): ENOVATION | Blue Prism | Human vs the virtual software Robot. YouTube. URL: https://www.youtube.com/watch?v=xybnfQDVQJg. [Stand: 01.09.2019].

Weber, Jürgen/ Truijens, Thorsten/ Neumann-Giesen, Axel (2012): Organisationsform Shared-Service-Center. Herausforderungen an das Controlling. Weinheim: WILEY-VCH Verlag & Co. KGaA. (=Advanced Controlling, Band 84).

Wibbenmeyer, Kelly (2018): The Simple Implementation Guide to Robotic Process Automation. How to Best Implement RPA in an Organization. Bloomington. iUniverse.

Wißkirchen, Frank/ Mertens, Helga (1999): Der Shared Services Ansatz als neue Organisationsform von Geschäftsbereichsorganisationen. Stuttgart. Schäffer-Poeschel.

Wullenkord, Axel/ Kiefer, Andreas/ Sure, Matthias (2005): Business process outsourcing. Ein Leitfaden zur Kostensenkung und Effizienzsteigerung im Rechnungs- und Personalwesen. München. Vahlen.